인공지능과 인터랙티브 콘텐츠

인공지능총서

인공지능 시대입니다. 기계가 인간의 인지를 대신하고, 사물이 인간을 통하지 않고 다른 사물과 직접 커뮤니케이션합니다. 이에 따른 인간 삶과 문명 변화를 정확히 이해·예측·대응하는 것은 이 시대 우리 모두의 과제입니다. 인공지능총서는 인공지능 기술과 환경의 여러 주제를 10가지 키워드로 정리합니다. 관련 개념과 이론, 학계와 산업계의 쟁점, 우리 일상의 변화를 다룹니다. 인간과 기술의 현재, 미래를 세심히 분석합니다.

일러두기

- 인명, 작품명, 저서명, 개념어 등은 한글과 함께 괄호 안에 해당 국가의 원어를 병기했습니다.
- 외래어 표기는 현행 어문규정의 외래어표기법을 따랐습니다.

처음이세요?

전문가세요?

지금, 큐알 찍으면

- AI 입문서 바로 선물
- 당신만의 필독서 추천
- 500권 요약본 공짜
- 오디오북 무료 사용

인공지능과 인터랙티브 콘텐츠

백승국

대한민국, 서울, 커뮤니케이션북스, 2025

인공지능과 인터랙티브 콘텐츠

지은이 백승국
펴낸이 박영률

초판 1쇄 펴낸날 2025년 8월 31일

커뮤니케이션북스(주)
출판 등록 2007년 8월 17일 제313-2007-000166호
02880 서울시 성북구 성북로 5-11
전화(02) 7474 001, 팩스(02) 736 5047
commbooks@commbooks.com
www.commbooks.com

ISBN 979-11-430-0801-5 03500

책값은 뒤표지에 표시되어 있습니다.

차례

AI 기술과 철학적 관점

철학의 한 분파인 기술 철학은 AI 기술이 조성하는 기술 중심주의 세상을 비평하는 관점을 갖고 있다. 또한 AI 기술이 사회문화적 영역에 미치는 영향이 무엇인지 분석하며 예견하고 있다. 기술 철학적 관점에서 AI 기술은 다음과 같은 새로운 변화를 추구하고 있다.

첫째, AI 기술은 인간의 감각과 공감각을 끊임없이 확장하고 있다. 시각의 감각적 구속에서 벗어나 오감이 작동하는 공감각의 AI 디지털 공간이 만들어지고 있다.

둘째, AI 기술은 인간과 디지털 환경을 자동으로 연결하는 중재 기능을 수행하고 있다. 인간이 사물, 로봇, 기계 등과 자동으로 연결되고 새로운 소통 방식으로 상호작용하고 있다. 기존의 물리적 경험과 공감각적 경험이 융합하는 확장현실(XR) 공간에서의 상호작용이 증폭되고 있다.

셋째, AI 기술은 새로운 문화적 현상과 AI 가치 체계를 조성하고 있다. AI 사이버 문화, AI 디지털 리터러시, AI 디지털 미학 등 새로운 문화를 창출하고 있다. 기존 문화적 신념, 가치, 믿음 등의 사회문화적 가치 체계가 AI 놀이, AI 윤리, AI 인권, AI 저작권 등의 새로운 가치 체계로 대체되고 있다.

넷째, AI 창작 도구가 콘텐츠 기획과 제작 영역에 혁신적인 변화를 추구하고 있다. AI 창작 도구가 사용자 맞춤형 정보와 지식을 제공하고, 텍스트, 이미지, 영상, 음악 등을 자동으로 제작하는 서비스를 제공하고 있다. AI 창작 도구가 콘텐츠의 이미지와 이야기를 창작하는 인간 고유의 창의력에 도전장을 내밀고 있다.

인공지능 시대에 철학자 하이데거의 기술철학 관점이 소환되고 있다. 철학자 하이데거는 현상학적 관점에서 세상의 존재와 인간의 실존이 서로 연결되어 있다는 세계관을 주장한 철학자다.

그는 자신의 세계관을 보여 준 평론 〈기술의 문제〉(1954)에서 인간의 실존과 존재가 기술과 밀접하게 연결된다고 주장한다. 기술의 개념이 단순히 생산적 도구에 머무는 것이 아니라, 인간 존재와 실존에 영향을 준다는 것이다.

그는 기술 환경 속에서 살아가는 인간의 삶이 기술과 공존하면서 자신의 존재를 인식한다는 주장을 전개하고 있다. 하이데거의 주장은 조화, 공존, 균형을 중심으로

AI 기술과 함께 공진화하는 오늘날 우리들의 실존과 존재의 모습을 대변하고 있다. 하이데거의 기술 담론은 AI 기술이 조성하는 디지털 환경 속에서 기술과 공존하는 인간의 실존과 존재가 무엇인지 탐색하는 방향을 제시하고 있다.

AI 기술과 콘텐츠

AI 기술의 등장으로 콘텐츠 생태계에 혁신적인 변화가 일어나고 있다. 콘텐츠를 기획 제작하는 영역과 마케팅하는 영역에 AI 기술이 작동하고 있다. AI 기술의 콘텐츠 활용을 다음과 같이 네 가지 관점에서 접근할 수 있다.

첫째, 콘텐츠 기획과 제작에 AI 창작 도구가 활용되고 있다. 50% 넘는 그래픽 디자이너와 개발자가 콘텐츠 제작에 AI를 활용하고 있다고 한다. 콘텐츠 제작의 기간과 비용을 줄이고, 다양한 아이디어를 선택할 수 있기 때문이다. 기업에서 AI 창작 도구를 활용하는 비율은 계속 높아질 것이다.

실증 사례로 서울, 뉴욕, 파리, 제네바에서는 2025 AI 영화제를 개최하고 있다. 영화제에 출품하는 영화는 AI 창작 도구로 시나리오, 캐릭터, 영상 편집 등을 수행한 작품만을 출품할 수 있다는 조건을 걸고 있다. 인간의 창의적 역량에 AI 창작 도구가 도전장을 내민 것으로, 누구나 작가와 감독이 될 수 있다.

둘째, AI 기술이 사용자의 데이터를 활용하고 있다. 콘텐츠 선호도, 취향 등의 이용 패턴을 중심으로 추천 알고리즘을 작동시키고 있다. 사용자 데이터에서 중요한 항목은 콘텐츠를 체험한 후 SNS 플랫폼에 남긴 후기 댓글, 사진 등의 디지털 기록이다. 콘텐츠 체험의 만족감을 표현하는 감정, 충성도, 재구매 등의 사용자 데이터를 분석해 콘텐츠 추천과 마케팅 전략을 수립하고 있다.

셋째, AI 기술이 사용자의 상호작용을 작동하고 있다. 사용자의 동작과 제스처에 실시간으로 반응하는 콘텐츠가 증가하고 있다. 터치스크린의 촉각을 통해 다른 감각을 자극하는 공감각적 상호작용이 작동하는 인터랙티브 콘텐츠가 증가하고 있다.

넷째, AI 기술이 사용자의 직관적 선택과 콘텐츠 시나리오에 참여하라고 조종하고 있다. 사용자가 캐릭터, 아이템 등을 선택하고, 콘텐츠 시나리오에 참여해 다중 서사의 결말을 유도하고 있다. 게임, 영상, 광고, 전시 등의 상호작용이 강하게 작동하는 인터랙티브 콘텐츠는 사용자가 시나리오에 참여해 결론에 도달하는 방식으로 설계되어 있다.

AI 디지털 미학

AI 디지털 미학은 AI 디지털 미디어 기술과 예술의 융합으로 생성되는 미학적 가치와 비평의 심미안을 실천하는 영역이다. AI 디지털 미디어 기술 기반으로 조성되는 가상과 현실의 디지털 환경에서 예술의 새로운 미적 가치를 체험하고 비평하는 개념이다.

AI 기술은 콘텐츠를 감상하고 수용하는 방식에 획기적인 변화를 요구하고 있다. 시각 중심의 콘텐츠 감상에서 오감이 작동하는 공감각적 체험 방식으로 전환하고 있다. 공감각적 체험 중심의 미학적 가치와 의미를 되새기는 비판적 관점을 요구하고 있다.

예컨대 마드리드 프라도 미술관의 인터랙티브 전시관에서는 관람객의 오감을 자극하는 공감각적 체험을 구성하고 있다. 고야(Goya)의 작품 〈귀머거리의 집〉(1905)에 배치된 나무, 풀, 꽃 등을 터치하면 향이 분비되어 작품에 몰입하는 효과를 유도하는 전시다. 고야가 왕실 화가를 그만두고 거주한 집주변의 풍경을 상상하게 만드는 공감각적 체험을 제안하고 있다.

암스테르담의 현대미술관(Moco)은 뱅크시의 작품 전시와 함께 미디어 아트 전시로 공감각적 체험을 제안하고 있다. 구름, 나무, 물, 꽃, 바위 등의 미디어 아트 효과를 통해 힐링의 효과를 유도한다. 특히 폭력, 전쟁, 인종, 자본, 환경 등의 사회정치적 메시지를 담고 있는 뱅크시 작품의 의미를 강화하는 콜라보 전시다.

무엇보다도 AI 디지털 미학은 우리에게 새로운 관점의 미학적 가치와 평가 기준을 요구하고 있다. 1940년 기술 복제 시대에 예술 작품의 아우라를 걱정했던 벤야민(Benjamin)의 미학적 담론은 진부한 개념일 뿐이다. 미술사에 등장한 화가들의 붓 터치와 소재를 학습한 AI 창작 도구가 예술적 완성도가 높은 독특한 작품을 창작하고 있기 때문이다.

프랑스 예술 그룹 오비어스(Obvious)가 14세기에서 20세기까지 그려진 초상화 1만 5,000여 점을 AI에게 학습시킨 후 완성한 〈에드몽 벨라미의 초상(Edmond de Belamy)〉이라는 작품은 2018년 뉴욕 크리스티 경매에서 5억에 낙찰되어 AI 제작에 관한 관심을 유발했다.

5억에 낙찰된 초상화의 미적 가치를 평가하는 관람객의 이분법적 관점이 흥미롭다. AI 예술의 미적 가치를 거부하는 감상자는 17세기 화가의 화풍을 모방한 독창성이 부족한 작품으로 평가한다. 반면에 초상화를 AI가 제작했다는 정보 없이 객관적으로 평가한다면 독창성이 있다는 의견을 제시하는 관점도 있다.

또한 2024년에는 AI 로봇 화가 아이다가 컴퓨터의 아버지라 불리는 앨런 튜링(Alain Turing)의 초상화를 그려, 소더비 경매에서 18억에 낙찰하는 기록을 세웠다. AI 알고리즘과 로봇 팔을 활용해 제작한 초상화다.

AI 창작 도구와 로봇이 생성한 작품에 미학적 가치를 인정하는 실증 사례들이다. AI 작품이 인간 예술과 유사한 미적 감흥을 생성하고, 미학적 가치와 상업적 가치를 창출하고 있다는 것을 인정받은 실증 사례들이다.

AI 예술은 기존 예술 문법을 따르지 않고, 인간의 물리적 한계와 예술적 사고를 넘어서는 독창적 스타일을 만들고 있다. 이는 기존 미학적 가치와 예술적 관점을 재고하는 새로운 기준이 필요함을 의미한다.

분명한 것은 AI 예술의 미학적 가치와 의미 부여는 인간의 감상 기법과 해석에 따라 이루어진다는 것이다. AI 기술이 창작의 주체가 될 수는 있어도, 작품 소비의 주체는 될 수 없다. 더 나아가 작품의 미학적 가치와 의미 부여는 인간 고유의 미학적 활동으로 이루어질 것이다.

철학자 하이데거의 주장처럼 AI 디지털 미학은 우리의 실존과 존재가 무엇인지 사색하는 일상의 철학적 담론이다. 인간과 기술이 융합하는 새로운 예술이 만들어지고, 새로운 미적 경험을 공유하는 공진화의 시대에 필요한 담론이다.

결국 AI 디지털 미학은 인간 예술과 AI 예술의 융합으로 새로운 미래 예술을 지향하는 관점이다. 또한 인간 예술의 미학적 가치와 미적 감흥을 감상하고 평가하는 방법론을 탐색하는 개념이다. 기술적 완성도의 아름다움보다는 인간의 존재와 실존에 관한 미학적 경험의 비판적 사고를 실천하는 담론이다. AI 기술로 제작한 작품을 식별하고 다양하게 평가하는 역량을 습득해야 한다. 즉 미적 가치와 의미를 정교하게 계산한 AI 기술의 조종(Manipulation)에서 벗어나 자유롭게 비평하는 심미안이 필요한 시점이다.

참고문헌

옥기원(2018.10.26). AI가 그린 초상화, 5억원에 팔렸다. 한겨레. https://www.hani.co.kr/arti/international/international_general/867614.html

최소영(2022). 포스트 디지털 시대의 인공지능예술 연구. 《미학예술학연구》, 67, 188~214쪽.

01
AI와 시뮬라크르 사회

영화 〈원더랜드〉는 죽음과 이별로 존재하지 않는 사람들을 AI 인간으로 제작해 가상공간에서 현실처럼 일상을 보내는 이야기다. 가상공간에서 AI 인간과 일상의 추억을 공유하는 화상 통화 서비스 원더랜드를 체험하는 영상으로 구성하고 있다. 특히 AI가 현실을 완벽하게 재현한 가상공간 서비스가 인상적이다. AI 기술이 죽음과 이별로 상처받은 감정을 치유하는 가상공간 서비스를 제공하는 미래 시뮬라크르 사회를 보여 주고 있다.

AI와 1인 창업?

시뮬레이션과 시뮬라크르

영화 〈원더랜드〉(2024)는 미래 AI 기술로 현실 공간을 완벽하게 시뮬레이션하고 있다. 죽은 사람의 일상을 데이터로 처리한 AI 캐릭터를 만나는 순간은 가상과 현실의 경계가 사라지는 느낌이다.

영화 속 가상 공간은 현실 공간을 완벽하게 모사하고 있다. AI로 복원된 인간은 살아생전 자신의 일상을 완벽하게 재현하고 있어, 마치 실존하는 불멸의 존재라는 신비감을 주고 있다. 주인공 딸은 돌아가신 부모님이 살던 아파트와 AI 부모님을 완벽하게 복원해 생전에 함께한 추억을 체험하며, 예전과 똑같은 대화를 나누며 일상을 보낸다.

영화는 AI가 현실 공간을 완벽하게 복원하는 미래 시뮬라크르 사회를 예견하고 있다. 미래 시뮬라크르 사회는 AI 기술로 가상과 현실을 이음새 없이 체험하고, 다양한 사회 문제를 해결하는 방향으로 발전하고 있다.

시뮬레이션은 복잡한 문제, 사회 현상을 해결하기 위해 실제와 비슷한 모형을 만들어 모의적으로 실험하고 특성을 파악하는 것을 의미한다.

영화도 예기치 못한 죽음과 이별로 발생하는 정서적 문제를 해결하기 위해 시뮬레이션 기술을 적용하고 있다. 죽음과 이별로 상실감에 빠진 사람들에게 과거의 행복했던 감정을 회복하는 시뮬레이션 공간을 체험하는 서비스를 제안하고 있다.

시뮬레이션 공간은 현실과 똑같은 체험을 유도하면서 다양한 문제를 진단하거나 예측하기 위한 개념으로 활용되고 있다. 특히 콘텐츠 산업 영역에서 교육과 훈련이 필요한 직종의 교육 콘텐츠에 다음과 같이 적용되고 있다.

첫째, 스포츠 영역이다. 수영의 동작과 자세를 훈련하기 위해 호수, 강, 바다, 수영장 등을 그대로 재현한 영상으로 실전과 같은 교육을 수행하는 프로그램도 있다. 특히 스크린 골프는 대표적인 시뮬레이션 콘텐츠다. 실존하는 골프장의 코스를 완벽하게 재현해 가상공간에서 골프를 즐기고 있다.

둘째, 소방관의 실전 훈련을 위해 시뮬레이션 기반의 VR 콘텐츠를 활용하고 있다. 건물, 산, 숲에서 발생한 불을 방화 호수로 소화하는 실전 교육을 시뮬레이션 공간에서 수행하는 교육 콘텐츠다. 가상공간에 구축한 배경에 화재가 발생했다는 상황을 설정해, 교육생이 소방 호스를 잡고 소화하는 장면을 실제처럼 훈련하는 소방 교육 콘텐츠다.

셋째, 지진 재해가 발생했을 경우 필요한 물품이나 대피 방법 등을 게이미피케이션 기반으로 훈련하는 교육 콘텐츠도 있다. 시뮬레이터를 활용해 지진의 강도를 몸으로 느끼면서 대피 방법을 체험하는 교육 콘텐츠다.

넷째, 운전면허 시험을 준비하는 수강생들을 위한 시뮬레이션 콘텐츠도 유행이다. 주행 시험이 진행되는 도시와 도로를 실제처럼 완벽하게 재현한 가상 공간에서 도로 주행 연습을 할 수 있다. 게임장에서 속도를 즐기는 레이싱 게임보다는 정밀한 공간 정보를 지도에 배치하고, 실제 도로를 주행하는 실재감을 주고 있다.

다섯째, 시뮬레이션 기반의 스포츠 게임이다. 축구장, 골프장, 야구장 등의 가상공간을 현실과 똑같이 재현해 실전처럼 게임을 즐기는 게임 콘텐츠다.

여섯째, 메타버스 플랫폼에서 강의도 듣고, 쇼핑도 하면서 현실과 똑같은 일상을 보낼 수 있는 시뮬레이션 공간이다. 가령 메타버스 플랫폼 서점에서 책에 관한 정보를 탐색하고 구매를 마친 도서를 오프라인에서 배달받는 서비스다. 현실 공간의 서점을 가상공간에 조성해 온라인에서 책을 구매하도록 유도하는 플랫폼이다.

시뮬레이션 공간의 핵심 키워드는 실재와 유사한 모형을 제작하는 것이다. 현실의 물리적 공간을 가상의 디지털 공간으로 모사하는 것이고, 사람들이 기억하는 사물의 모습과 공간의 모습을 디지털 이미지로 재현하여 그럴듯한 공간을 제작하는 개념이다.

시뮬레이션 기반의 교육 콘텐츠는 가상 공간에 현실 공간을 확장하면서 교육과 훈련을 수행하는 프로그램이다. AI 시뮬레이션 기술이 인간이 거주하는 공간을 완벽하게 재현하고, 공간에 거주하던 사람을 AI로 복원하면서 가상 공간에 완벽한 현실을 구축하는 접근이다.

AI 기술은 사람이 머물던 현실 공간, 사물, 사람을 완벽하게 AI로 복원해 현실과 유사한 시뮬라크르 공간을 조성해 현실처럼 체험하는 것이다. 시뮬라크르 공간은 교육, 게임, 스포츠, 의학 등의 영역으로 확장될 것이다. 시뮬라크르 공간은 미래 사회의 AI 시뮬라크르 사회를 조성하는 토대가 될 것이다.

AI 시뮬라크르 사회

그리스 철학자 플라톤(Platon)은 오감이 작동하는 현실을 이데아를 모방한 시뮬라크르 세상으로 규정했다. 현실 세상은 오감으로 지각하고 체험하는 공간이고, 이데아의 세상을 모방한 세상으로 간주했다. 지성이 작동하는 이데아의 세상을 모방한 시뮬라크르 사회가 현실이라는 주장이다.

플라톤은 현실 세상에 살고 있는 인간을 동굴에 갇혀 벽면에 비추어진 환영의 그림자를 응시하는 사람으로 비유했다. 자율적인 지각 활동이 아니라, 주어진 환경에 순응하며 수동적 사유를 하는 인간으로 묘사했다. 동굴의 비유를 통해 사람들의 몸과 목을 결박당한 채 동굴 벽의 그림자인 이미지만 바라본다고 비판하고 있다.

어쩌면 AI 기술의 가상 공간에서 디지털 이미지를 지각하고 감상하는 오늘날 우리의 모습을 비유하고 있는 것 같다. 감상자의 취향과 선호도에 따라 제작된 캐릭터, 이미지, 영상 등의 다양한 평가와 비판 없이 무조건 수용하는 오늘날의 모습을 비유하고 있다.

또한 플라톤은 침대를 사례로 이미지의 모방과 재현 기능을 비판하고 있다. 이데아의 세계에 존재하는 침대를 장인이 그대로 제작하고, 그림을 그리는 화가가 침대를 다시 재현하는 모방의 모방이 시뮬라크르 사회를 비판하고 있다. 오늘날 AI 기술이 렘브란트, 페르메이르, 고흐, 모네 등 화가의 창작 패턴을 학습해 유사한 그림을 모방하고 재현하는 현상을 예측한 비유다.

이러한 플라톤의 시뮬라크르 개념을 확산하고 발전시킨 학자가 프랑스의 사회철학자인 장 보드리야르(Jean

Beaudrillard)다. 그는 저서 《시뮬라시옹과 시뮬라크르》(1994)에서 시뮬라크르의 개념을 확장하고 있다. 시뮬라크르는 존재하지 않는 것을 존재하는 것처럼, 혹은 존재하는 것보다도 더 실재인 것처럼 지각하고 인지하는 현상을 지칭한다.

그는 1991년 발생한 미국과 이라크의 전쟁을 시뮬라크르 전쟁으로 규정하고, 실제로 일어나지 않은 연출된 전쟁이라고 비판했다. 당시 매체가 게임을 중계하듯 전쟁 영상을 재구성해 송출하고 대중은 그것을 그대로 수용한다는 것이다.

플라톤에서 장 보드리야르로 이어지는 시뮬라크르 개념은 오늘날 AI 기술로 조성되는 디지털 공간으로 연결되고 있다. AI 디지털 미디어 기술의 개입으로 현실보다 더 현실 같은 가상현실이 만들어지면서, 현실 자체가 사라진 현실인 하이퍼 리얼리티(Hyper reality) 세상이 만들어지고 있기 때문이다. 영화 〈원더랜드〉는 현실보다 더 현실 같은 착각이 자연스럽게 발생하는 영상 서비스로 상실의 감정을 치유하는 미래 AI 사회를 보여 주는 좋은 사례다.

흥미로운 점은 플라톤과 보드리야르의 관점이 다르다는 것이다. 플라톤은 이데아의 사물을 모방한 그림자 세상보다는 모방의 원형인 원본의 중요성을 강조했다. 반면 보드리야르는 복제가 원본을 대신하는 기술 복제 관점에서 원본이 사라진 시뮬라크르 사회를 강조하고 있다. 원형과 본질보다는 모방과 복제로 의미가 텅 빈 현대 사회의 모습을 비판하고 있다.

오늘날은 AI 기술의 시뮬라크르 세상이다. AI 기술 기반의 콘텐츠들을 다양한 방식으로 즐기고, 적극적으로 수용해야 한다. 인간의 창의력과 상상력이 다양한 삶의 공간에서 발휘될 수 있도록 AI 기술을 적극적으로 활용해야 한다.

AI 디지털 공간과 현실 공간

영화 〈매트릭스〉(1999)의 주인공 네오는 자신이 살고 있는 현실이 가상현실임을 인식하고 진짜 현실로 돌아가는 과정에서 현실과 가상의 경계가 무너진 현대 사회의 모습을 보여주고 있다. 〈매트릭스〉는 현실과 가상의 경계가 모호한 상황에서 인간이 경험하는 현실이 과연 실제인지 본질적인 질문을 던지고 있다.

영화 〈원더랜드〉의 주인공도 현실 공간에서 일상을 보내면서 순간순간 자신이 주문한 가상현실에 들어가 가족과 공유하고 있는 일화적 기억(Episodic Memory)

을 현실처럼 경험한다.

영화와는 반대로 오늘날 현실 공간과 가상 공간의 선택은 자신의 의지가 투영된 취향과 선택의 문제다. 가상 공간에서의 체험과 활동을 거부하고 현실 공간에만 머무를 수 있다. 박물관, 미술관, 백화점, 공항, 공공장소 등에 설치된 스크린에 터치를 거부하고 무관심으로 반응할 수 있다. 감각적 선택으로 가상과 현실 공간을 자유롭게 이동하는 것이 오늘날의 상호작용 공간이다.

하지만 가상과 현실의 공간을 이음새 없이 연결하는 초연결 사회인 AI 시뮬라크르 사회에서는 직관적 선택이 어려울 것이다. 자신이 머무는 공간이 현실인지 혹은 가상인지 식별하지 못하는 순간이 빈번해지고, AI 디지털 공간이 확대 재생산되면서, 강력한 상호작용 장치로 몰입과 착시 현상이 자연스럽게 발생할 것이다.

AI 시뮬라크르가 작동하는 미래 사회는 강력한 자동 선택의 알고리즘으로 끊임없이 상호작용할 것이다. 개인의 콘텐츠 선호도, 취향, 삶의 패턴을 치밀하게 분석한 AI 알고리즘이 가상현실에 방문하도록 유도하는 맞춤형 서비스로 감각과 인지 작용에 개입할 것이다.

강력한 몰입으로 가상과 현실의 식별이 모호한 맞춤형 AI 알고리즘이 실시간 초연결되는 새로운 상호작용이 작동할 것이다. AI 알고리즘으로 현실의 일상이 가상에서 단절되지 않고 연결되며 감각과 감정이 무한 확장되는 새로운 공간이 열리는 것이다.

무엇보다도 미래 사회에 필요한 역량은 현실과 가상 공간을 식별하는 감각과 인지 작용이다. 현실에서 지각하는 사물의 물리력과 가상에서 포착한 디지털 사물을 식별하는 능력과 기억하는 역량이 필요하다.

예컨대 우리의 감각 기관은 매일 아침 커피를 내리고, 커피잔을 손으로 들어 올리는 순간, 오감으로 커피잔의 물리력을 느끼고 현실 공간을 인식하게 된다. 하지만 가상 공간의 디지털 커피잔에 똑같은 물리력을 부여하는 순간, 현실과 가상을 구분하는 식별력에 혼동이 생길 것이다. 가상의 디지털 커피잔을 현실의 커피잔으로 착각할 것이다.

만약 현실과 가상공간을 식별하는 역량이 부족하다면 AI가 제작한 가상공간의 시뮬라크르 전쟁을 실제로 발생한 사실로 인식하는 혼란에 빠질 수도 있다. AI 기술을 정치적 이념을 주입하는 선동과 선전의 악의적 도구로 활용할 가능성이 있다.

실제로 2025년 6월 23일 이스라엘이 이란 테헤란의 에빈(Evin) 교도소를 폭격해 71명이 죽었다는 소식을 전했다. 미국, 영국, 프랑스 등의 국영 방송에서 폭격 당시의 영상을 재생하면서 실시간 속보로 보도했다. 하지만 비디오 영상 중 일부는 AI로 제작된 가짜 뉴스로 오보라고 정정 보도하는 해프닝이 발생했다. 현실 공간에서 벌어진 사건이 아니라, AI가 디지털의 가상 공간에서 발생한 폭발 장면을 사실처럼 편집한 가짜 뉴스(Fake news)를 전 세계에 전송한 사건이다.

AI 가짜 뉴스를 식별하는 방법은 감각과 인지 작용의 반복적 훈련으로 가능하다. AI 정보, 사물, 이미지 등을 제작한 최초의 사람은 누구이고, 전달하고자 하는 메시지는 무엇인지 파악하는 것이다. 특히 정치적인 선동과 조종의 목적으로 제작된 영상과 이미지의 원천 제작자가 누구이고 목적이 무엇인지 숨겨진 의미를 탐색하는 분석과 비평적 사고가 필요하다.

결국 AI 기술이 조성하는 미래는 시뮬라크르 사회다. 현실과 가상의 경계가 사라지고, AI가 제작한 영상, 이미지, 사물의 진위를 식별하기 모호한 시대가 다가오고 있다. AI 결과물의 원본을 추적하고, 제작자의 의도를 파악하고 분석하는 감각과 인지적 역량이 필요한 시기다. 매 순간 각성하는 감각 기관과 제작 과정에 질문을 던지고 사유하는 역량이 필요한 시대다.

참고문헌

장 보드리야르(1994). 《시뮬라시옹과 시뮬라크르》. 김주경 옮김. 민음사.

플라톤(2011). 《국가》. 천병희 옮김. 도서출판 숲.

02
AI 디지털 미디어 기술

AI 디지털 미디어 기술 사회는 끊임없이 작동하는 감각적 반응과 선택이 연결되는 사회다. 사용자의 오감을 자극하는 모션 그래픽과 동작 인식 기술을 기반으로 가상 공간에 몰입하게 만든다. AI 디지털 미디어 기술은 사용자의 감각과 공감각을 확장하는 기술이다. 콘텐츠학 관점에서 AI 디지털 미디어 기술은 사용자의 취향과 선호도를 분석해 자동으로 콘텐츠를 제안하고, 가상 공간으로 연결하는 상호작용 기술이다.

AI와 MBTI?

AI 디지털 미디어 기술

인공지능 시대를 압축적으로 설명하는 네 가지 메타 개념은 몰입(immersion), 상호작용(interaction), 상상력(imagination), 지능(intelligence)이다. 상상력, 상호작용, 몰입, 지능이 작동해 인간의 감각과 감성을 확장하고 인지 영역을 자동화하는 AI 디지털 미디어 기술 시대가 열리고 있다.

AI 디지털 미디어 기술 사회는 현실을 확장하는 확장현실(XR)과 현실을 가상으로 증폭하는 증강현실(AR) 그리고 현실을 가상으로 재현하는 가상현실(VR) 등의 기술로 만들어지는 자동화 사회다.

AI 디지털 미디어 기술은 인간의 경험과 지식을 빅데이터로 활용해 사람들이 원하는 정보와 콘텐츠를 자동으로 추천하는 자동화 사회를 구현하고 있다. 또한 자동차, 스마트홈, 쇼핑 등 일상생활 속의 자동화 서비스가 가속화되고 있다. AI 추천 알고리즘은 미디어, 정보, 콘텐츠, 쇼핑 등의 인지적 활동에 무의식적 선택이 작동하도록 자동화하고 있다.

AI 디지털 미디어 기술로 초연결된 시공간 속에서 사람과 사물이 소통하는 새로운 경험을 설계하는 것이 가능하다. 물리적인 현실 공간에 디지털 세계를 조성해,

가상현실을 체험하도록 유도하는 기술이다. 지하철, 백화점, 공원, 공항, 병원, 박물관 등의 공공장소에서 사용자의 취향과 선호도를 고려한 맞춤형 콘텐츠가 자동으로 제공되는 AI 디지털 공간이 조성되고 있다.

AI 디지털 미디어 기술로 창출하는 AI 디지털 공간의 유형을 다음과 같이 분류할 수 있다. 첫째, 가상현실로 조성하는 공간이다. 현실 공간과 유사한 환경을 조성해 사용자의 몰입감과 상호작용을 유도하는 개념이다. 재난, 직업, 모험 등의 교육과 게임 분야에 적용하고 있다. 예컨대 3차원 공간에서 일인칭 시점으로 진행되는 게임과 비행기 운전에 관한 디지털 교육 공간을 조성하고 있다. 또한 수영, 양궁, 사격 등의 스포츠 영역에서도 일인칭 시점의 특화된 교육 프로그램을 운영하고 있다.

둘째, 증강현실 기술로 만들어지는 공간이다. 현실 세계를 배경으로 가상의 디지털 이미지와 정보를 제공하는 기술이다. 예컨대 역사적 장소와 연관된 디지털 이미지와 텍스트를 조합하여 제공하는 관광 분야에 적극적으로 활용되고 있다. 또한 증강현실 기술은 자동차의 내비게이션 지도에도 활용되고 있다. 운전 중 경로 선택을 유도하는 순간 현실 공간을 확장해 안전한 운행에 도움을 주고 있다. 광고에서도 상품의 패키지를 배경으로 증강현실 광고를 확장하고 있다.

셋째, 확장현실 기술로 만들어지는 공간이다. 현실 세계 위에 가상 세계를 덧입혀서 현실을 확장한 공간이다. 확장현실은 가상현실과 증강현실을 아우르는 개념이다. 가상현실의 공간은 현실과 유사한 공간을 조성하는 것이지만, 확장현실은 현실 공간과 사물을 배경으로 다양한 정보와 콘텐츠를 제공하는 기술이다.

홀로렌즈는 안경 형태이지만 현실 공간과 사물을 기반으로 홀로그램 형식의 정보를 제공한다. 확장현실 기술의 발전으로 일상의 안경이 증강현실 정보를 사용하거나, 가상공간으로 체험할 수 있는 디지털 세계로 연결하는 매개 기능을 수행할 것이다. 확장현실은 의료, 제조, 교육 등 다양한 분야에 적용되고 있다.

넷째, AI 디지털 미디어 기술의 활용성은 자연재해와 같은 고위험과 고비용의 체험이 필요한 영역에도 적극적으로 활용되고 있다. 예컨대 체험이 불가한 과거의 역사적 상황과 미래의 도시 풍경을 체험하는 디지털 공간 조성에 활용되고 있다. 실제로 AI 디지털 미디어 기술의 실용화 영역은 자연재해를 체험하는 교육 분야다.

화재, 지진, 홍수, 태풍 등의 자연재해를 체험하는 교육의 장에서 적극적으로 활용되고 있다. 위험한 자연재해 상황을 마주했을 때 당황하지 않고 대피하는 동선을 설계해 이동 경로와 대처 행동을 훈련하는 교육 프로그램을 제공하고 있다. 자연재해와 연관된 빅데이터를 활용하여 맞춤형 교육 프로그램을 제공하는 것이다. 또한 체험이 불가한 과거의 역사적 사실을 체험할 수 있는 공간을 조성하거나, 미래 도시의 풍경을 체험하는 공간을 조성하는 콘텐츠 제작이 늘어나고 있다.

AI 디지털 미디어 기술의 발전은 구글의 AI 글래스가 상징적으로 보여 주고 있다. AI 제미나이(Gemini)와 확장현실을 결합하여, 길 안내, 메시지 알림, 실시간 번역, 대화 통역, 주변 사물 등을 설명하는 다양한 정보를 렌즈에 시각화하는 차세대 콘텐츠를 제시하고 있다.

AI 디지털 미디어 기술의 상호작용

AI 디지털 미디어 기술의 상호작용은 AI와 사용자가 정보를 주고받는 단순한 접근을 넘어 사용자의 지적 역량과 상상력을 확장하는 양방향의 소통을 의미한다. AI는 사용자의 요구와 주문에 따라 반응하며, 사용자의 행동 패턴을 고려한 정보와 콘텐츠를 제공하고 있다.

AI 상호작용의 핵심 키워드는 피드백 루프와 추천 알고리즘이다. 피드백 루프는 사용자의 다양한 반응과 환경의 변화를 감지해 AI 시스템을 개선하는 개념이다. AI 추천 알고리즘은 콘텐츠 분야에서 활발하게 작동하는 개념으로 사용자의 선호도와 취향에 따라 맞춤형 콘텐츠를 제공하는 시스템이다.

콘텐츠 분야의 AI 디지털 미디어 기술은 사용자 데이터 기반의 콘텐츠 체험을 유도하는 상호작용 기술이다. 콘텐츠를 추천하는 넷플릭스 추천 알고리즘은 사용자의 선호도를 기반으로 매칭시키는 기술로 OTT 산업을 선도하고 있다.

2016년 한국에 진출한 넷플릭스는 800만 명이 넘는 유료 가입자를 확보하면서 영상 콘텐츠 산업 분야에 절대적인 영향을 미치고 있다. 콘텐츠의 80%를 AI 추천 알고리즘으로 제공하고 있다. 사용자의 시청 기록, 평가 기록 등의 데이터를 분석해 상호작용을 작동시키는 콘텐츠 기반 필터링 시스템을 활용하고 있다. 또한 사용자의 시청과 선호도 패턴을 분석해 추천하거나, 유사한 콘텐츠 선호도를 보여 주는 사용자가 시청한 콘텐츠를 추천하는 협업 필터링 시스템을 사용하고 있다. 사용자의 취향에 따라 우선순위가 정해진 콘텐츠 장르를 노출하는 전략을 수행하고 있다. 추천 알고리즘은 사용자의 콘텐츠 취향을 분석해 무의식적으로 선택할 수 있는 선호도의 자동화 프로그램이다. 콘텐츠의 개인화 성향에 따른 맞춤형 콘텐츠를 추천하고 선택할 수 있는 자동화 프로그램이다.

사용자의 상호작용을 유발하는 AI 디지털 미디어 기술은 박물관의 전시 콘텐츠에도 활발하게 적용되고 있다. 관람객의 취향과 콘텐츠 선호도를 분석해 자동으로 전시 공간을 추천하거나, 실시간 반응하는 자동화 기술이 접목되고 있다. 관람객이 선호하는 전시 콘텐츠를 분석해 전시 공간의 동선과 전시를 추천하거나, AI 도슨트가 전시 해설을 제공하고 있다.

예컨대 광주 역사박물관에서는 AI 도슨트 로봇이 관람객의 얼굴을 인식해 나이, 성별 등에 따라 맞춤형 전시 해설을 제공하고, 자율주행으로 관람객과 함께 이동하며 안내하고 있다.

또한 인스파이어 호텔의 르 스페이스 전시 공간에서는 우주선과 아바타를 선택해 우주 공간을 탐험하는 전시 콘텐츠를 제안하고 있다. 관람객이 우주인과 우주선을 선택하게 해 상호작용의 몰입도를 높이고 있다. AI 키오스크에서 관람객이 선호하는 우주선과 자신의 아바타를 선택하여 우주공간을 탐험하는 상호작용을 구축하고 있다.

상호작용이 강하게 작동하는 미디어 아트는 관람객의 행동을 탐지해 콘텐츠에 반응하도록 유도하고 있다. 감지 카메라 센서가 관람객의 움직임에 따라 미디어 아트 이미지가 반응하도록 섬세하게 구현된 콘텐츠가 늘어날 것이다.

관람객의 상호작용 장치

박물관과 미술관의 전시 공간에서 관람객의 상호작용 장치는 손짓, 터치, 음성 등 오감의 다양한 방식으로 반응한다. 전시 콘텐츠를 체험하는 관람객의 실시간 피드백을 통한 몰입감을 높이는 상호작용 장치다. 관람객의 콘텐츠 체험과 몰입감을 유도하는 상호작용 장치는 다음과 같다.

첫째, 터치 인터페이스 장치다. 터치 인터페이스는 관람객이 손과 발 등으로 직접 스크린을 터치해 전시 콘텐츠와 상호작용하는 시스템이다. 박물관의 공간 안내, 전시 콘텐츠 등의 다양한 정보를 제공하는 기능을 수행하고 있다. 관람객은 스크린의 터치로 자신이 원하는 정보와 콘텐츠 체험을 수행하고 있다.

암스테르담의 고흐 미술관에서는 고흐의 편지를 체험하는 터치스크린을 활용하고 있다. 고흐가 동생 테오에게 보낸 800통의 손 편지를 터치스크린에서 페이지를 넘기는 손가락 터치로 체험할 수 있다.

둘째, 관람객의 다양한 동작을 인식하는 장치다. 관람객의 위치, 제스처, 손동작 등을 실시간으로 감지하고 분석해 전시 콘텐츠 체험에 적용하는 장치다. 이 장치는 주로 카메라, 센서, 딥러닝 기반 소프트웨어 등을 활용하고 있다. 예컨대 관람객이 전시 콘텐츠에 멈추거나 손짓, 터치 등의 행동을 보이면, 센서가 인식하고 전시 화면의 내용을 수정해 체험의 몰입도를 높이는 것이다. 또한 3D 모션 캡처 기술을 활용해 관람객의 움직임을 실감 영상에 반영해 관람객이 전시의 일부가 되도록 구성한 체험형 전시도 운영되고 있다.

셋째, 인터랙티브 플로어(Interactive Floor)와 인터랙티브 월(Interactive Wall)의 상호작용 장치다. 인터랙티브 플로어는 영상 이미지를 바닥에 투사해 관람객의 상호작용을 유도하는 것이다. 관람객의 제스처를 센서로 탐지해 실시간 반응하는 시스템이다. 바닥에 투사된 이미지를 발과 손으로 터치하면서 이미지가 변형되는 시각적 효과를 즐기는 것이다.

예컨대 팀랩(Team Lab)에서 제작한 '캐칭 포레스트(Catching Forest)'는 플로어에 바닷속 물고기 이미지를 투사해 관람객이 고기를 잡는 상호작용을 작동시키고 있다. 특히 관람객 각자가 그린 동물과 물고기를 바닥에 투사하여, 자신이 그린 동물을 발로 터치하면서 추적하는 설정으로 몰입의 체험 요소를 강화하고 있다. 체험을 극대화하는 요소는 관람객이 자신이 만들어 사냥한 동물을 티셔츠로 제작해 간직할 수 있다는 것이다.

인터랙티브 월은 벽면에 설치된 디지털 스크린에 관람객의 움직임에 따라 반응하는 상호작용을 작동시키며 다양한 시각적 효과를 생성한다.

인터랙티브 플로어의 센서 기능은 관람객의 발과 몸의 움직임에 반응하고, 인터랙티브 월은 손짓과 터치에 민감하게 반응한다. 관람객이 벽을 터치하면, 바닥의 시각적 효과가 작동하고, 바닥을 밟으면 벽의 이미지가 변하는 완벽한 상호작용을 작동하고 있다.

AI 디지털 미디어 기술은 사용자의 감각과 공감각을 자극하는 상호작용 장치다. 사용자의 움직임을 감지하고 반응하는 센서와 터치 기술은 더욱더 발전할 것이다. AI 기술이 조성하는 자동화 사회의 핵심은 AI 디지털 미디어 기술이 작동하는 상호작용 장치다. 사람, 사물, 로봇과 자동으로 연결하고 소통하는 중재 기능을 수행할 것이다.

참고문헌

한국콘텐츠진흥원(2023). 《2023 VR·AR·XR 산업백서》.

03
AI와 디지털 이미지

라틴어 이마고(imago)에서 유래한 이미지는 죽은 사람의 얼굴을 그대로 복사한 마스크다. 도상해석학 과점에서 이미지는 세상에 존재하는 모든 것을 복사하고 재현하는 미학적 도구였다. 오늘날 이미지의 개념과 기능이 확장되고 있다. AI 디지털 창작 도구는 이미지를 자동으로 제작하고 해석하는 시뮬레이션 도구다. AI는 이미지를 제작하고 해석하는 능력을 기반으로 게임, 영화, 건축, 패션, 영상의학 분야에 적극적으로 활용되고 있다.

AI와 난임 극복?

이미지의 유형화

이미지가 감각과 감성을 지배하는 시각 문화의 시대에 살고 있다. SNS 플랫폼을 이미지가 가득 채우고 있다. 사진, 캐릭터, 이모티콘을 통해 자신의 감정을 표현하고 공감을 유도하고 있다. 이미지의 확산과 재생산 기술은 가상 세계를 구축하면서 AI 디지털 문화를 조성하고 있다.

이미지(image)는 라틴어 이마고(imago)에서 유래한 단어다. 죽은 사람의 얼굴을 그대로 복사한 마스크가 이마고다. 죽은 사람을 기억하고 기리기 위해 사용한 개념이 이미지로 발전한 것이다. 로마 시대 장례 문화의 의식적 행위로 출발한 이미지의 개념이 AI 기술로 더욱더 확장되고 있다.

AI 기술 기반의 디지털 이미지가 범람하는 시기에 이미지를 새로운 관점에서 유형화할 필요가 있다. 이미지를 유형화하여 AI 이미지의 발전 과정을 탐색할 필요가 있다. 이미지는 장르별로 4개 영역으로 다음과 같이 유형화할 수 있다.

첫째 영역은 현실을 재현하고 모사하는 회화 영역이다. 현실을 모사하거나 있는 그대로 재현하는 이미지 영역이다. 이미지의 범주는 종교화, 역사화, 풍경화, 인물화 등 성서에 등장한 이야기를 묘사하거나, 역사적 사실을 그림으로 재현하는 장르다. 신화, 종교, 역사, 풍경, 인물 등의 소재를 재현하는 도상해석학의 영역이다.

도상해석학은 닮음과 유사성의 개념이 작동하는 도상을 기반으로 해석하는 영역이다. 예술 작품의 세계관을 탐색하고, 연관된 맥락 정보를 바탕으로 의미를 부여하는 미학적 활동이다. 신학, 철학, 인류학, 역사학 등의 학제적 개념이 작동하는 영역이다. 이는 현실을 있는 그대로 재현하거나 모사하는 기능을 수행하고 있다. 물리적인 현실 공간을 있는 그대로 복사, 기록, 재현하는 기능이다.

둘째 영역은 아날로그 이미지 영역이다. 책, 포스터, 광고, 영상 등에 활용된 이미지다. 아날로그 매체 속 이미지를 통해 메시지를 전달하는 영역이다. 특히 광고 이미지는 제품의 기능을 설명하거나 가치를 설명하는 기능을 수행하고 있다. 광고 이미지는 비유, 은유, 환유 등의 수사학적 도구를 활용해 메시지를 전달하고 있다. 이는 이미지의 상징 체계가 강하게 작동하는 영역이다. 수사학적 관점에서 이미지에 숨겨진 의미와 상징적 의미를 탐색하고 해석하는 영역이다. 수사학, 기호학, 의미론 등의 개념을 바탕으로 이미지의 의미 작용을 분석하고 해석하는 영역이다.

셋째 영역은 연상 이미지 영역이다. 어떤 단어를 듣거나 사물을 보았을 때 개인의 감각적 경험과 결합해 떠오르는 이미지다. 연상 이미지는 외부 세계의 감각적 경험과 지식으로 생성된다. 예를 들어 '바다'라는 단어를 들었을 때, 바다의 감각적 요소인 푸른 파도(시각), 파도 소리(청각), 바닷바람의 시원함(촉각) 등이 작동해 바다의 이미지가 머릿속에 떠오르게 된다. 바다의 이미지는 개별적인 경험과 감정에 기반해 자유롭게 떠오르는 이미지로 사람마다 각기 다르게 연상될 수 있다.

연상 이미지 기능으로 정신적 활동을 강화하고 있다. 의식적 혹은 무의식적 정신 활동의 결과물이 연상 이미지다. 연상 이미지는 수사학적 장치로 활성화되고 있다. 광고, 시, 그림, 영상 등을 지각하는 순간 연상되는 이미지다. 연상 이미지는 이성의 논리적 분석이 아니라, 주관적이고 창의적인 사고 과정에서 발생한다. 이성이 개입하지 않은 자유로운 상상력과 감각 자체의 자유로운 흐름 속에서 생성되는 결과물이다.

특히 기호학적 관점에서 연상 이미지는 개인의 경험과 정보 맥락에 따라 자동으로 떠오르는 의미 작용(semiosis)의 결과다. 언어 기호를 듣거나, 시각 기호를 바라보거나, 문자 기호를 쓰는 순간에 머리에 떠오르는 이미지다. 연상 이미지는 단순한 지식이 아니라 개인의 감각적 경험과 감성이 개입하여 생성되는 의미다.

넷째 영역은 AI 디지털 이미지 영역이다. 디지털 기술을 활용해 제작한 이미지다. AI 디지털 이미지는 현실을 모방해 가상 공간을 채우거나 미래 사회의 풍경을 묘사하고 있다. 게임, 가상현실, 증강현실의 가상 공간에 배치된 지도, 캐릭터, 아이콘, 픽토그램 등의 이미지 영역이다. 병원의 영상 이미지를 AI 알고리즘으로 판독해 병의 징후를 탐색하는 분야는 급속하게 발전하고 있다.

현실에 존재하거나, 존재하지 않는 상상력의 결과물을 AI 디지털 이미지로 묘사한 것이다. 디지털 이미지 영역은 AI 창작 도구와 연결되어 있다. AI 창작 도구로 이미지의 콘셉트를 설정하고 초안을 설계하는 기업들이 늘어나고 있다.

AI 디지털 이미지는 가상 공간의 사이버 문화를 조성하고 있다. 가상 공간에 현실을 시뮬레이션하거나, 미래 도시를 재현하는 기능을 하고 있다.

AI 디지털 창작 도구

이미지 유형 중에서 AI로 생성하는 디지털 이미지 영역이 확장되고 있다. AI를 활용해 디지털 아트, 그래픽 디자인, 콘셉트 아트 분야 등에서 이미지를 제작하고 있다. 이미지 크리에이터가 AI를 활용해 문화예술과 콘텐츠 분야의 맞춤형 이미지를 제작하는 역량이 강화되고 있다.

미술사에 남을 명화를 남긴 화가들의 수많은 그림을 학습한 알고리즘을 장착한 달리(Dall-E)와 미드저니(Midjourney)가 이미지 창작에 도움을 주고 있다. 미술사의 사조와 경향을 파악하고, 그림들의 다양한 화풍과 분위기를 학습한 알고리즘이 사용자가 원하는 이미지를 생성하고 있다. 사용자가 창작하고자 하는 이미지의 장르와 주제를 설정하고, 내용을 텍스트로 묘사하면 이미지를 자동으로 생성해 준다.

AI가 생성한 디지털 이미지의 적용 분야는 문화예술, 교육, 의료, 영화, 건축, 광고, 패션 등의 다양한 영역에서 적극적으로 활용되고 있다. 패션 디자인 분야에서는 제품을 디자인하거나 다양한 제품을 체험하는 플랫폼과 앱을 제공하고 있다.

패션 AI 플랫폼 빔은 소비자의 취향에 따라 제품을 선택하도록 도움을 주고 있다. 패션 브랜드 룩북에 소비자의 얼굴을 합성해 다양한 패션을 체험하는 기능을 제공하고 있다. 또한 패션 디자이너는 AI가 제안하는 패션의 색깔, 형태 등의 스타일을 기초로 새로운 제품을 디자인하고 있다.

광고 및 마케팅 영역에서도 AI 이미지가 활용되고 있다. 디지털 이미지에 AI 기술을 접목한 세계 최초의 AI 인플루언서는 2017년 영국에서 만든 슈드 그람(Shudu Gram)이다. 현재 다양한 패션 브랜드와 광고 캠페인 그리고 SNS 마케팅에서 AI 모델로 활동하고 있다.

스페인 최초의 AI 모델인 아이타나(Aitana)는 매달 1,500만 원의 광고 수익을 창출하고 있다. 인간과 유사한 사실적인 외모로 헤어 및 화장품 회사의 모델로 활동하고 있다.

삼성 갤럭시도 2019년 글로벌 캠페인 위 아 소셜(We Are Social)에서 AI 인플루언서 릴 미켈라와 협업했다. 그 결과 1억 2,600만의 조회수와 2,400만 건의 참여를 유도했다.

2024년 금복주는 소주 광고에 AI 모델을 활용해 성공적인 홍보 전략을 수행했다. 광고의 핵심 방향은 AI 모델이 멋진 도시 풍경이나 미래 도시 공간에서 소주를 마시는 모습을 보여 주면서 전통 소주에 새로운 이미지를 만들어 주는 것이다.

영화 산업에서도 AI 이미지와 기술을 적용해 영화 창

작을 시도하고 있다. 미국의 SF 영화 〈제미니 맨〉(2019)은 AI 이미지 기술로 배우의 외모를 복제해 사용함으로써 영화 제작에 그래픽 기술과 딥러닝 기술을 활용하는 혁신적인 효과를 유도했다.

영화 〈아이리시 맨〉(2019)과 〈어벤져스: 엔드게임〉(2019)에서도 AI 시각 효과를 사용했으며, 〈아이리시 맨〉에서는 실제 배우와 디지털 배우와의 경계를 허물기 위해 AI 기술로 배우의 젊은 시절을 완벽하게 재현했다. 배우가 젊은 시절 연기한 데이터를 학습한 페이스 파인더라는 소프트웨어를 개발해 디지털 배우에게 적용한 것이다.

〈어벤져스: 엔드게임〉에는 AI를 활용해 2,500개 이상의 시각 효과가 적용된 장면을 영상으로 제작했다. 그리고 영화 속 우주 최강 악당인 타노스에게도 AI 시각 효과를 적용했다.

AI 디지털 이미지가 의료와 헬스케어 분야도 빠르게 변화시키고 있다. AI가 CT, MRI 스캔 이미지를 생성하거나, 데이터 이미지를 의학적으로 정확하게 해석하는 기능을 수행하고 있다. 환자의 의료 이미지를 재구성, 합성, 분할 등을 통해 분류하여 시각 이미지 기반의 진단을 수행하고 있다. 특히 의료진의 시각으로 탐색이 어려운 종양, 골절, 피부 질환 등의 시각적 징후를 AI 기술이 세밀하게 분석하고 해석하기도 한다.

예컨대 한국의 스타트업 기업 유닛은 AI 의료 이미지 솔루션으로 폐암, 유방암 등의 암 진단의 정확도를 크게 높이고 있다. 스웨덴 룬드대학교 병원에서는 유닛의 AI 의료 솔루션을 활용하여 2021년부터 약 106,000명을 대상으로 유방암을 조사해, AI 기술이 기존 방식보다 29% 더 많은 암을 조기에 발견하는 성과를 보였다.

또한 의학 교육 및 훈련 과정에서 다양한 환자 사례를 AI 이미지로 구현해 실전 교육을 할 수 있다. 학생들이 임상 실습에서 접할 수 없는 환경을 AI 이미지로 조성해 교육하는 것이다. 가상의 환자와 질환을 AI 이미지로 생성해 환자를 진단하고 상담하는 교육을 수행할 수 있다.

AI 이미지와 기술은 건축 분야의 디자인 설계에도 도움을 주고 있다. AI 기반의 창작 도구를 활용해 건축 공간의 디자인 패턴과 차별화된 공간 구성에 도움을 주고 있다. AI 디지털 이미지는 건축의 정체성과 기능을 기획하는 콘셉트 설계 과정에 아이디어를 제공하고 있다. 또한 공간 구조와 배치를 최적화하는 시뮬레이션 설계 과정에 활용되고 있다.

실제로 동대문 디자인 플라자를 설계한 자하 하디드

(Zaha Hadid) 건축사무소는 AI 디자인 도구를 활용해 베이징 다싱 국제 공항의 공간 구조와 배치를 설계했다. 건축 디자인의 다양한 패턴을 학습한 AI 디자인 도구가 독특한 아이디어를 제공하고, 시뮬레이션 설계가 가능하도록 도움을 주고 있다.

AI 디지털 창작 도구가 이미지를 창작하고 해석하고 판독하는 데 탁월한 역량을 보여 주고 있다. AI 이미지 창작 분야는 인간의 상상력을 현실화하고 구현하는 기능이다. 게임, 영화, 건축, 패션, 의학 분야에서 AI 이미지를 자동으로 제작하고 시뮬레이션하는 기능은 더욱더 확장할 것이다. 특히 디지털 이미지와 영상을 정교하게 해독하고 판독하는 영상의학은 AI 기술로 대체할 수 있는 분야다.

참고문헌

에르빈 파노프스키(2013). 《시각예술의 의미》. 임산 옮김. 한길사.

최소영(2022). 포스트 디지털 시대의 인공지능예술 연구. 《미학예술학연구》, 67, 188~214쪽.

04

AI와 스토리텔링

AI 창작 도구가 글쓰기 창작 영역에 혁신적인 변화를 일으키고 있다. AI 창작 도구가 인간의 글쓰기 역량에 도전장을 내밀고 있다. 소설, 시, 시나리오를 AI 창작 도구가 자동으로 창작하고 있다. 생성형 AI 창작 도구가 이야기의 소재를 선택하고, 서사 구조를 자동으로 설계하고 있다. 이야기를 창작하는 스토리텔링 영역에 AI 기술이 개입하면서 창작의 주체가 누구인지 모호해지고 있다. AI 소설, AI 자서전 등이 등장하고 있다. AI 창작 도구로 제작했다는 로고가 필요한 시점이다.

AI와 사주?

AI 기술과 스토리텔링

인류 문명사를 기록하고 전파한 인간의 창의적인 역량 중 하나는 스토리텔링이다. 이야기(story)와 전달하는(telling) 방식의 합성어인 스토리텔링은 기승전결의 이야기 구성을 통해 메시지를 전달하는 소통 방식이다.

이야기를 설득의 도구로 채택한 학문은 수사학이다. 수사학은 남을 설득하고 자신의 메시지를 전달하는 기술을 배우는 학문이다. 수사학의 접근 방법론은 언어의 비유와 상징을 활용하는 기법과 논리적 이야기로 메시지를 전달하는 말하기 기술이다.

예컨대 고대 그리스 철학자 소크라테스도 이야기 형식으로 대중을 계몽한 수사학자였다. 유명한 경구 '너 자신을 알라'도 당시 그리스 청년들이 정치적 지도자가 되기 위해서 주변을 관찰하고, 자신의 상황을 돌아보라는 메시지를 상징적 언어로 전달하는 비유다.

스토리텔링에서 중요한 키워드는 이야기를 담아 전달하는 매체다. 이야기를 어느 매체에 담아 어떻게 전달할 것인지가 중요하다. 매체는 기술의 발전에 따라 달라진다. 문자 이전의 구술사 시대에는 이야기를 전달하는 매체는 목소리였다. 목소리를 매개로 남을 설득하고 메시지를 전달했다. 문자가 발명되면서 종이, 나무, 찰흙, 돌,

도자기 등에 메시지를 기록해 전달했다.

아날로그 매체 시대에는 책, 텔레비전, 라디오를 통해 소통했고, 오늘날 AI 디지털 시대에는 스마트폰과 컴퓨터, 키오스크, AI 글래스 등의 스크린을 통해 소통하고 있다. 아날로그와 디지털 매체의 변하지 않는 공통점은 이야기 기반의 설득과 메시지 전달 방식이 유효하다는 것이다.

스토리텔링의 저작 도구

AI 기술의 등장은 인간의 창의력과 지능이 인간의 고유 영역이라는 인식에 의문을 던지고 있다. 언어와 문자를 발명한 인간은 이야기를 만들어 소통하고 상상하는 힘을 가졌다고 생각했다. 하지만 생성형 AI가 시나리오를 창작하고 플롯 구조를 창작하는 시대에 인간의 창의적 역량이 무엇인지 고민하게 되었다. 이야기를 창작하고 소통하는 스토리텔링 영역에 AI 기술이 개입하면서 창작의 주체가 누구인지 모호해지고 있다.

콘텐츠의 시나리오는 자료 조사와 플롯 구성의 전략적 글쓰기가 필요한 영역이다. 콘텐츠 장르에 따른 이야기 전개가 각기 달라야 한다. 독자가 선호하는 세계관, 캐릭터, 갈등 구조 등을 기반으로 시나리오 작성이 이루어져야 한다. 작가들은 독자의 관심을 유도하는 이야기의 소재를 탐색하고, 주어진 소재에 관한 자료를 조사 분석하는 노력의 시간이 필요했다.

기존 작가들은 시나리오 작성에 도움을 주는 저작 도구인 '파이널 드래프트', '파워 스트럭처', '드라마티카 프로'를 사용했다. 영화, 드라마, 소설 등의 플롯 구조와 줄거리를 창작하는 작가들에게 도움을 주는 스토리텔링 저작 도구들이다. 특히 '드라마티카 프로'는 1990년 이후 미국 아카데미 후보작의 80%가 넘게 사용했던 시나리오 창작 도구다.

'드라마티카 프로'는 이야기 구성(forming)과 구체화(illustration), 이야기 엮기(weaving)의 3단계 알고리즘 모델로 구조화되어 있다. 시나리오 작가는 캐릭터, 등장인물, 장면, 에피소드 등의 창작 과정에서 선택에 도움을 받아 작품을 완성하는 구조다.

하지만 '드라마티카 프로'는 이야기를 자동으로 생성하는 알고리즘 도구가 아니다. 이야기 창작 활동에 도움을 주는 저작 도구일 뿐이다. 독자가 선호하는 캐릭터 설정과 몰입을 유도하는 등장인물들의 갈등 구조를 구축하기 위한 글쓰기 전략에 도움을 주는 도구다. 작가의 창의력을 발휘하면서 독자의 선호도를 고려한 시나리오 저작 도구의 기능을 수행한 것이다.

시나리오 저작 도구의 등장 시기에도 자동으로 시와 소설을 창작하는 저작 도구가 등장했지만, 독자의 외면을 받았다. 흥미와 재미를 떨어뜨리는 서사 구조로 구성되었기 때문이다. 독자의 상상력을 자극하는 작품성이 부족한 플롯 구성이라는 평가를 받았다.

스토리텔링의 저작 도구 시기에는 작가의 창작 역량이 중요했다. 작가의 상상력과 창의력 기반의 글쓰기 능력이 기술력보다 앞선 시기였다. 하지만 최근의 AI 창작 도구는 작가의 서사 구조와 내용을 완벽하게 창작하고 있다. 일상을 기록하고, 상상력을 창작하는 영역에 글쓰기의 자동화를 실현하고 있다.

AI 창작 도구

최근 등장한 AI 기술 기반 저작 도구는 작가의 창의력과 독자의 상상력을 자극하는 작품을 제작하고 있다. 저작 도구라기보다는 AI 창작 도구의 기능을 수행하고 있다.

저작의 사전적 의미는 책이나 작품 따위를 짓는 것이다. 반면에 창작은 예술 작품을 독창적으로 지어낸다는 함축적 의미를 내포하고 있다. AI가 작가의 창작 활동에 도움을 주는 저작의 기능을 넘어, 작가의 독창성을 강화하고 독자의 상상력을 충족하는 작품 활동을 수행하고 있다.

시나리오 창작 영역에서 작가의 상상력과 창의력은 무엇보다도 중요한 창작 역량이다. 상상력으로 미래 도시를 묘사하거나 로봇과 공존하는 일상을 기술하기도 한다. 또한 경험해 보지 못한 역사적 사실을 추적하고 탐색하는 창작 역량을 보여 주고 있다.

AI 창작 도구가 작가 고유의 상상력과 창의력에 개입하며 글을 쓰는 문예 창작의 주체가 작가인지 혹은 AI 창작 도구인지 모호해지고 있다. 특히 짧은 문장을 자동으로 생성하는 챗GPT의 등장으로 작가의 문예 창작 역량을 알기가 점점 어려워지고 있다.

프랑스의 역사학자 겸 작가인 라파엘 도안(Raphael Doan)은 《만약 로마가 추락하지 않았다면(Si Rome n'avait pas chute)》(2023)이라는 AI 소설을 출간했다. 그는 챗GPT가 등장하기 전에 대형 언어 모델(LLM)을 활용해 소설의 스토리뿐만 아니라, 소설에 등장하는 삽화까지도 미드저니와 달리 같은 AI 이미지 생성 도구를 활용해 AI 소설을 창작했다. 수십억 개의 파라미터를 기반으로 작동하는 대형 언어 모델에, 작가의 질문에 답하고 문장을 완성하는 생성형 AI 모델을 활용해 AI 소설을 제작했다.

라파엘 도안은 작가가 대형 언어 모델을 활용해 자동으로 소설을 창작한 것이 아니라, 작가와 AI 창작 도구가 협력해 소설을 제작한 것이라고 밝혔다. 그는 AI 창작 도구를 사용해 작품의 구상과 제작 과정을 설명하면서 독자의 관심을 받고 있다.

소설의 내용이 흥미롭다. 로마가 멸망하지 않았고, 산업혁명을 일으킨 증기기관이 로마 시대에 발명되었다는 가정으로 작품의 세계관과 이야기를 시작하고 있다. 증기기관이 1세기 로마에서 발명되었고, 산업혁명을 기반으로 로마가 우주를 정복한다는 상상력으로 이야기를 전개하고 있다. AI가 다양한 에피소드를 만들고, 작가가 방향을 설정하고 편집하는 과정을 통해 AI 소설이 완성되는 과정을 자세하게 설명하고 있다.

또한 일본 작가 구단 리에(Kudan Rie)의 장편 소설 《도쿄도 동정탑》(2024)은 170회 아쿠타카와상을 수상했다. 범죄자 동정론과 최첨단 교도소 건설이라는 이야기로 현대 사회의 다양한 이슈를 담고 있는 소설이다. 작가는 전체 소설의 5% 정도를 챗GPT가 작성했다고 고백했지만, 심사위원들은 전혀 눈치채지 못했다는 사실로 독자의 관심을 끌었다.

한편, 미국과 유럽의 문학계는 2023년 7월 5일 아마존 플랫폼에 출판된 AI 자서전으로 논쟁을 벌이고 있다. AI 창작 도구가 생성한 자서전 《레옹 고티에의 전쟁》 내용이 사실이 아닌 거짓으로 밝혀졌기 때문이다. 노르망디 상륙작전에서 생존한 프랑스의 전쟁영웅 레옹 고티에가 독일군 포로가 됐다는 이야기가 거짓으로 밝혀져 판매를 중단했다. 《레옹 고티에의 전쟁》은 앤트로픽사의 AI 모델 클로드(Claude)를 활용해 3단계의 질문을 통해 제작됐다.

첫째, 이야기 장르를 정하고 주인공의 세계관과 주제가 무엇인지 설정한다. 둘째, 주인공의 캐릭터와 등장인물을 설정한다. 셋째, 플롯 구조와 에피소드를 설계한다. 기초적인 서사 구조가 생성되면 AI 모델 클로드가 이야기를 자동 창작한다. 문제는 인생사를 경험해 보지 못한 AI가 데이터 오류로 진실이 사라진 거짓의 이야기로 독자를 현혹한다는 것이다.

AI로 제작한 소설을 분석한 전문가들의 평가는 엇갈리고 있다. 부정적으로 보는 전문가들은 이야기의 흐름이 단절되고, 소설의 개연성이 부족하며 사건의 원인인 모티프 선택이 서사 구조와 부합하지 않는다고 평가하고 있다. 반면 AI가 빠른 시간에 서사 구조를 만들고 다양한 에피소드를 작성하는 능력이 탁월하며 기존 저작 도구를 넘어서는 창작 역량을 보여주고 있다고 평가하기도 한다.

분명한 것은 글쓰기는 인간 고유의 창의적 영역이라는 점이다. 글쓰기 역량은 인간이 걸어온 흔적인 문명사를 기록하고 사색하는 소중한 지적 도구다.

AI 창작 도구는 작가의 상상력과 서사 구조 구성에 따라 에피소드를 작성한다. AI가 인간의 글쓰기 역량을 방해하는 것이 아니라 도움을 주는 역할을 한다. 전적으로 AI에 의존하는 글쓰기 작업보다는 글쓰기 역량을 강화하는 도구로 활용하는 습관이 필요하다. AI 창작 도구를 활용하고 협력하는 글쓰기 창작 역량이 필요하다.

참고문헌

구단 리에(2024). 《도쿄도 동정탑》. 김영주 옮김. 문학동네.

강민석·주종우(2020). 4차 산업 혁명 시대에서 인공지능(AI)의 작품 창작에 관한 연구: 예술인들의 인식을 중심으로. 《디지털콘텐츠학회논문지》, 21(1), 121~130쪽.

박주택 외(2025). 《인공지능 시대의 문학》. 경희대학교 출판문화원

백승국(2025.1.19). 인공지능 시대 누구나 감독과 작가가 될 수 있다?. 기호일보. https://www.kihoilbo.co.kr/news/articleView.html?idxno=1128818

서성은 외(2023). 《스토리텔링 입문》. 커뮤니케이션북스.
서성은 외(2022). 《K-스토리텔링》. 컴북스캠퍼스.
한혜원(2010). 《디지털시대의 신인류 호모 나랜스》. 살림출판사.
Doan, R.(2023). *Si Rome n'avait pas chute*. Kindle Edition.

05
AI와 전시 콘텐츠

공간 연출 디자인(scenography)은 박물관, 미술관, 복합 문화 공간 등의 공간과 콘텐츠를 기획하는 개념을 지칭한다. 박물관의 정체성을 구축하고, 전시 콘텐츠를 기획하고 설계하는 방법론이다. 최근 AI 디지털 미디어 기술을 활용한 전시 콘텐츠 기획이 중요한 이슈다. 또한 지속 가능한 박물관 운영을 위한 홍보 마케팅 전략도 중요해졌다.

AI와 아이돌?

박물관에서 AI 박물관

박물관학(museology)은 박물관의 유물 수집과 보존, 전시, 홍보, 경영 등을 총괄하는 박물관의 기능에 관한 학제적 이론과 방법론을 연구하는 메타개념이다.

기존 박물관의 기능은 유물 유적을 보존하고 전시하면서 교육적 정보와 지식을 전달하는 것이었다. 인류가 걸어온 문명사의 흔적을 보존하고 보여 주는 기능에 집착했다. 하지만 일방향의 전시와 정보 전달 기능에 변화가 생겼다. 박물관의 기능이 사회 구성원들의 참여를 유도하고, 사회적 기여도를 높이는 방향으로 바뀌고 있다.

참여 박물관은 유물의 보존과 전시에 집중하기보다는 사회 구성원들의 참여를 유도하는 전시와 교육 프로그램을 강화하는 데에 초점을 맞춘다. 최근 박물관의 기능은 방문객이 공감하고 공유하는 플랫폼 기능으로 강화되고 있다.

박물관의 플랫폼 기능은 관람객과의 상호작용을 강화하고, 박물관이 소유하고 있는 유물 유적의 정보와 지식을 담은 데이터를 공유하는 것이다. 또한 박물관을 방문하는 관람객의 문화적 취향과 경향을 파악하는 정성적 데이터를 축적하는 것이다.

정성적 데이터는 세대와 계층의 문화적 취향과 전시

콘텐츠의 선호도를 측정하는 자료로 활용되고 있다. 박물관은 관람객의 전시 공간과 전시 콘텐츠 체험에 관한 데이터를 추출하기 위한 방법론을 적극적으로 도입하고 있다. 예를 들어 고흐 미술관은 관람자가 남긴 이메일을 활용해 박물관 체험 만족도에 관한 정성적 분석을 시도하고 있다. 전시 공간에 관한 만족도와 선호하는 전시 콘텐츠가 무엇인지 측정하는 질문을 던진다. 또한 고흐의 기획 전시를 홍보하는 내용으로 박물관 소식을 전하는 전략을 구축하고 있다. 박물관에 체류한 시간은 어느 정도이고, 반응하는 콘텐츠는 무엇인지 분석하고 있다.

AI 박물관은 AI 기술을 적극적으로 도입해 박물관의 운영, 전시, 교육, 관람객 서비스 등에 적용하는 박물관이다. AI 디지털 미디어 기술을 적용해 상호작용이 작동한 전시 공간과 콘텐츠를 체험하는 영역을 구성하고 있다. 특히 관람객의 전시 패턴과 행동을 분석하고 관람객이 선호하는 전시 콘텐츠와 공간을 제공하는 서비스를 지원하고 있다.

AI 공간 연출 디자인(Scenography)

공간과 무대 공간을 연출하는 개념인 공간 연출 디자인을 의미하는 시노그래피(Scenography)의 어원은 그리스어로 거슬러 올라간다. 무대 또는 장면을 지칭하는 그리스어 스케네(skene)와, 쓰고 그린다는 뜻의 그라피아(graphia)가 조합된 단어다. 고대 그리스 연극에서 무대를 그리고, 기록한다는 의미를 가르치는 단어다.

오늘날은 박물관, 미술관, 복합 문화 공간의 전시 콘텐츠를 기획하는 방법론을 지칭하는 개념으로 활용되고 있다. 공간 연출 디자인의 전시 콘텐츠 기획은 4단계의 과정을 통해 이루어진다.

1단계는 전시 공간의 콘셉트 설계 과정이다. 박물관 건축 양식과 전시 유물에 따른 정체성 및 주제를 선정하는 단계다. 박물관의 공간 구성은 박물관이 지향하는 정체성이 무엇인지 체험하게 한다. 관람객은 로비 공간의 첫인상과 전시 공간의 체험으로 박물관의 정체성을 인지한다. 따라서 박물관이 소장한 유물 유적을 기반으로 관람객에게 전달하고자 하는 메시지와 주제를 명확하게 설정해야 한다. 박물관의 역사적 맥락과 공간 정보를 기반으로 정체성을 구축하는 방안을 모색해야 한다.

2단계는 시나리오 기반으로 공간의 동선을 구축하고 구조화하는 과정이다. 공간의 동선을 강제 동선과 선택적 자유 동선으로 나누어 시나리오를 구축한다. 강제 동선은 전시 공간 체험을 유도하고 권유하는 동선이다. 반면 선택적 자유 동선은 관람객이 체험 콘텐츠를 선택해 자유롭게 이동하는 동선이다. 동선의 설계는 무엇보다도 방문객의 피로도를 낮추고 흥미를 유발할 수 있게 이루어져야 한다.

3단계는 전시 콘텐츠를 기획하는 것이다. 콘텐츠의 소재를 탐색해 전시 연출에 관한 매체를 선정하고, 상호작용을 유발하는 디지털 미디어 기술 등을 선정하는 단계다. 콘텐츠의 소재 발굴은 전시 특성에 적합한 자료 조사를 통한 유사 콘텐츠를 분석하고, 관람객이 터치스크린을 조작하거나 콘텐츠에 개입할 수 있는 적합한 디지털 미디어 기술을 적용하는 방안을 설계하는 과정이다.

4단계는 박물관의 홍보 전략을 구축하는 단계다. 관람객이 박물관을 방문하기 전의 홍보 전략과 관람을 수행한 후에 관람 후기를 통해 자발적 홍보를 유도하는 방안을 모색하는 것이다. 관람객은 박물관을 방문하기 전에 인스타그램 릴스, 웹사이트, 블로그 기사 등으로 전시 정보를 접한다. 또한 전시 체험을 수행한 후에는 박물관의 설문에 응답하거나 SNS 포스팅을 통한 평가를 남긴다. 박물관의 홍보 전략은 관람객의 체험 여정을 세분화해 전략적 방안을 모색하는 과정이 필요한 영역이다.

최근 공간 연출 디자인의 기획은 다양한 학제적 이론

과 방법론을 적용해야 한다. 공간 구성은 박물관의 정체성과 전시 콘텐츠의 주제 설정에 따라 설정한다.

최근 박물관과 미술관들은 공간 구성에 AI 디지털 미디어 기술을 적극적으로 도입하고 있다. 지능형 큐레이션을 도입해 관람객의 전시 콘텐츠 취향과 선호도를 고려한 맞춤형 정보를 제공하고 있다. AI 도슨트를 활용해 작품의 해설을 맞춤형으로 진행하기도 한다.

AI 디지털 미디어 기술이 관객의 새로운 감상 미학을 만들어 가고 있다. AI 알고리즘으로 생성한 전시 콘텐츠가 등장하면서 기존 공간 연출 디자인의 개념을 바꾸고 있다. AI 기술이 관람객의 감각적 반응을 자동으로 인식하고, 감상의 미학적 활동을 확장하는 방향으로 진화하고 있다.

AI 박물관의 공간 체험

전 세계 박물관의 방문객 현황과 전시 구성의 통계 자료에 따르면 현재 202개 국가에 5만5천 곳의 박물관이 있다. 그중 박물관이 가장 많은 도시는 200여 곳의 박물관이 있는 런던이다. 런던의 200개 박물관 중에 영국 국립박물관과 내셔널 갤러리는 세계에서 가장 아름다운 박물관으로 선정되기도 했다.

반면에 방문객이 선정한 세계에서 가장 매력적인 박물관 도시는 네덜란드의 암스테르담이 선정되었다. 50여 곳의 크고 작은 박물관이 있는 암스테르담은 방문객들이 도시를 걸으면서 탐방할 수 있는 최적의 접근성을 보여 준다는 평가를 받고 있다. 특히 암스테르담 국립미술관, 고흐 미술관, 하이네켄 체험관, 스테델릭 미술관, 모코 미술관 등이 서로 가까운 장소에 모여 있어, 운하를 산책하다가 박물관을 체험할 수 있다는 장점을 갖고 있다. 운하를 따라 도시와 공원을 산책하다 보면 박물관을 만날 수 있다.

실제로 암스테르담 시민들이 휴식하고 운동하는 모습을 볼 수 있는 본델 파크를 산책하다 보면 고흐 미술관을 방문할 수 있다. 또한 방문객들은 고흐 미술관의 정체성과 전시 구성의 차별성이 탁월하다고 평가하고 있다. 700여 점의 원본이 가지고 있는 작품성의 가치를 유지하면서, 전시 콘텐츠의 차별성을 구축하는 전략을 보여 주는 것이다.

하지만 박물관과 미술관의 정체성과 이미지를 구축하는 접근 방안을 모색하는 것은 쉬운 일이 아니다. 차별화된 유물 유적과 건축 양식을 갖추고 있어도, 공간 연출과 전시 콘텐츠 전략이 없으면 매력적인 박물관의 차별성을 만들 수 없다.

박물관의 차별성은 전시 공간 구성과 전시 콘텐츠의 상호작용성에 있다. 시각에 의존해 작품을 일방적으로 보여 주는 전시는 관객의 흥미와 몰입감을 유도할 수 없다. 전시 공간의 설계와 배치는 관람자의 감각, 감성, 인지적 경험에 영향을 미친다.

전시 공간은 물리적 요소와 기억의 인지적 요소가 결합하는 장소다. 물리적 요소는 관람객의 감각 양식(sensory modality)을 통해 몸으로 느끼는 직관적 현상이다. 전시 공간에 배치한 전시 유물에 관심을 유도하고, 콘텐츠에 직관적으로 반응하는 공간 연출이 중요하다.

최근 관람객은 AI 디지털 미디어 기술을 매개로 구성된 전시 콘텐츠에 의미를 부여하고 감정을 갖는 인지적 활동을 한다. 관람객은 오감 활동을 통해 공간에 배치된 유물과 콘텐츠를 지각하고 인지하는 일정한 루틴을 갖게 된다. 또한 공간에서의 감각적 데이터를 통해 기억에 저장된 경험을 체험한다.

AI 기술이 관객의 표정, 목소리, 행동 등을 분석해 감정 상태를 세분화한다. 감정에 따른 전시 공간의 색채, 영상 등을 제안해 감성적 몰입감을 유도해 새로운 지각의 확장과 감각적 경험을 하는 공간이 늘어나고 있다.

서울 국립중앙박물관은 AI 기술과 감각 기관을 접목해 새로운 체험을 제공하고 있다. 실제 크기의 반가사유상과 미니어처를 손으로 만져 보고 그리는 체험이 이루어지고 있다. 참가자가 태블릿에 반가사유상을 그리면 AI가 인식해 그림으로 변환한다. 또한 AI가 참가자의 나이, 시각 장애인, 체험 단계 등을 분석해 맞춤형 안내를 진행하고 있다.

AI 박물관의 체험 공간은 더욱더 늘어날 것이다. 관람객의 오감과 감성을 자극하는 AI 디지털 미디어 기술이 적용될 것이다. 수동적 관람이 아니라 오감과 공감각을 자극하는 맞춤형 관람 공간이 구축될 것이다.

참고문헌

백승국 외(2020). 박물관학과 인터랙티브콘텐츠 연구. 《한국프랑스학논집》, 112, 167~190쪽.

지가은(2022). 뮤지엄 아카이브의 참여형 디지털 플랫폼과 교육적 기능: 테이트의 '아카이브와 액세스 프로젝트(2013-2017)' 사례를 중심으로. 《문화예술경영학연구》, 15(3), 141~161쪽.

최성미(2024). 박물관의 지속가능성을 위한 관람객 중심 메타버스 전시 활용 연구. 《박물관학보》, 48, 145~163쪽.

06
AI와 인터랙티브 영상

인터랙티브 영상은 AI 디지털 미디어 기술을 활용해 감상자의 참여를 유도하는 영상이다. 관람객의 제스처, 목소리, 감정, 뇌파 등의 데이터 분석을 기반으로 조명, 음향, 이미지, 이야기 등이 실시간으로 변하는 양방향 콘텐츠다. 관람객이 콘텐츠 시나리오에 개입해서 캐릭터를 선택하고 이야기 전개를 주도하는 분기형 서사 모델이 핵심 방법론이다.

AI와 야구?

AI 인터랙티브 영상

AI 인터랙티브 영상은 감상자가 다양한 방식으로 영상과 상호작용 하도록 설계된 콘텐츠를 지칭한다. 영상의 특정한 시점에 선택지를 고르면 선택에 따라 이야기의 전개나 결말이 달라지게 해 감상자의 만족감과 몰입감을 유도하는 콘텐츠다. 감상자의 클릭, 터치, 음성, 제스처 등에 반응하는 상호작용성이 강하다. 감상자의 감정 상황을 분석해 영상의 내용과 재생 방식을 자동으로 조정할 수 있다. 관심이 없는 영상을 간략하게 넘어가고 흥미로운 영상은 시간을 늘릴 수 있다.

인터랙티브 영상의 영역은 다양한 분야로 확장되고 있다. 감상자의 행동, 선호도, 위치, 건강 등의 데이터를 분석해 사용자가 원하는 정보를 맞춤형 영상으로 제공하는 영역도 활성화되고 있다. 스트리밍 플랫폼에서 AI가 시청자의 몰입도와 반응 데이터를 분석해 영상 내용을 다른 영상으로 전환하고 있다. 영상에 대한 몰입도, 영상미, 감정 반응 등을 실시간으로 분석해 맞춤형 영상 경험이 가능해진 것이다.

예컨대 사회적 이슈나 환경 문제를 다루는 영상에서 감상자는 실시간 통계 데이터를 직접 선택해 영상의 결말을 조정할 수 있다. 또한 감상자의 운동 기록, 심박수,

수면 데이터 등을 분석해 맞춤형 건강 코칭 영상을 제공하는 서비스도 가능하다. 이뿐만 아니라 실시간 주식 시장의 현황, 스포츠 경기 하이라이트, 재난 재해 등 사용자가 원하는 정보를 골라서 시청할 수 있는 뉴스 영상도 제공하고 있다.

무엇보다도 AI 인터랙티브 영상은 콘텐츠를 감상하는 관객의 감각적 반응과 심미적 평가 과정을 자동으로 분석하고 비평하는 영상의 수용미학과 연결되어 있다. 영상의 수용미학은 관객의 콘텐츠 참여와 밀접하게 연관되며, 관객의 감각 및 인지적 작용을 확장하는 개념이다. AI 인터랙티브 영상은 관객의 감각과 인지 작용을 활성화하고 미적 체험을 심화함으로써 시각 중심의 콘텐츠 감상에서 벗어나 감각적 터치를 통한 적극적 체험을 유도하는 기능을 수행하고 있다.

박물관과 미술관에서도 인터랙티브 영상을 적극적으로 활용하고 있다. 박물관과 미술관의 LED 스크린에서 관람객이 원하는 정보와 콘텐츠를 선택할 수 있는 상호작용을 작동시키고 있다.

2024년 파리의 팔레 드 도쿄(Palais de Tokyo) 미술관에서는 세계 지도를 배경으로 역사적 사건, 인물, 화폐, 동물, 식물 등을 묘사한 가로 60m, 높이 10m 규모의 디지털 콜라주가 전시되었다. 말랄라 안드리아라비드라자나(Malala Andrialavidrazana)가 제작한 이 작품은 19세기와 20세기 식민 시대의 강대국 권력과 지식을 상징하는 디지털 지도를 자유자재로 해체할 수 있게 해 관람객들의 몰입감을 높였다. 관람객은 터치 기반의 전시 영상을 매개로 전시 작품의 맥락적 정보와 지식을 능동적으로 습득할 수 있었다.

대만 국립미술관에서는 '탐험과 착취'라는 AI 인터랙티브 영상을 전시한 바 있다. 관람객의 표정과 감정 데이터를 AI가 실시간으로 분석해 영상의 내러티브와 시각적 요소가 변화하는 시스템을 작동했다. 관객의 반응에 따라 영상의 내용이 맞춤형으로 전개되는, 매번 새로운 경험을 제공하는 AI 인터랙티브 영상을 제안했다.

일본의 모리 미술관에서는 '기계 사랑'이라는 AI 인터랙티브 영상을 전시했다. 게임 엔진, 생성형 AI, 가상현실, 게임 엔진 등의 AI 디지털 미디어 기술을 활용해 50여 점의 인터랙티브 영상, 미디어아트를 전시했다. 특히 일부 관람객의 행동을 AI로 분석해 관객의 선택에 따라 영상의 전개와 결말이 달라지는 다중 서사의 전시를 진행했다.

AI 인터랙티브 영상의 분기형 서사 모델

AI 인터랙티브 영상은 관람객의 움직임, 소리, 감정 등을 AI가 인식해 영상의 색상, 음악, 이야기가 실시간으로 변화하는 맞춤형 영상이다. 관람객이 제공하는 실시간 데이터를 분석해 다양한 이야기가 전개되는 방식이 적용되고 있다.

분기형 서사 모델은 이야기의 시작과 결론이 명확한 선형적 서사와 퍼즐 이야기 형식의 비선형 서사를 거부하는 모델이다. 분기형 서사 모델은 관람객의 선택에 따라 이야기가 다양한 경로로 갈라서는 서사 구조다.

분기형 서사 모델은 관람객이 자유롭게 이야기의 소재를 선택하는 다중 서사 모델이다. 이는 프랑스의 서사학자 클로드 브레몽(Claude Bremond)이 《이야기의 논리(Logique du récit)》(1973)에서 제안한 스토리텔링의 방법론이다. 아리스토텔레스의 《시학》에서 제시된 기승전결의 선형적 서사 구조를 탈피해 독자의 관점에서 전개되는 다중 결말의 열린 서사 방식을 보여 준다. 이 모델에서 독자는 이야기의 도입부에서 주어진 상황을 인지한 후, 전개 과정에서 제시되는 다양한 모티프 중 하나를 선택해 결말에 도달하는 선택적 이야기 구조를 경험하게 된다.

분기형 서사 모델은 이야기의 결말이 열려 있는 다중 서사 구조와 선택적 전개 방식을 적용하고 있는 콘텐츠 분석에 적합한 이론적 틀을 제공한다. 예를 들어, 게임에서는 게이머가 선택한 아이템에 따라 게임의 결과가 다중적으로 도출되며, 이는 단일 플롯이 아닌 복수의 이야기 구조가 상호 연결되는 방식으로 구현된다. 이러한 서사 방식은 이야기의 시작이 아닌 전개 과정에서 관객의 선택을 통해 열린 결말을 생성한다는 점에서 기존 선형적 서사와 구별된다.

분기형 서사 모델의 효용성을 잘 보여 주는 장르가 대화형 내러티브 영화다. 관객이 리모컨을 조작하며 분기점을 선택해 이야기를 만들어 가는 과정을 분석하기에 적합한 모델이다. 넷플릭스의 〈블랙 미러: 밴더스내치〉(2018)와 같은 작품에서는 주인공이 게임 회사에 취업을 고민하는 순간, 관객의 선택에 따라 서사 구조가 각기 다르게 전개된다. 또한 대표적인 대화형 내러티브 영화인 〈가능성(possibilia)〉(2014)는 한 시점에서 최대 16개의 서로 다른 버전이 동시에 전개되는 분기점을 보여 주고 있다. 대화 중 특정 순간마다 화면이 둘로 나뉘며, 관객은 분기점마다 각기 다른 버전의 대화를 선택할 수 있다. 기존 영화는 시간 기반의 순차적인 이야기를 전개하지만, 대화형 내러티브 영화는 게임의 상호작용과 영화의 서사를 융합하는 새로운 경험을 제공하고 있다.

이러한 관점에서 기존 영상과 인터랙티브 영상을 구분하는 네 가지 평가 지표를 제시할 수 있다. 첫째, 콘텐츠에 대한 사용자 참여다. 기존 영상은 감독이 창작한 시나리오와 영상을 감상하는 시각 중심의 결과물로, 관객의 콘텐츠 개입이 제한적이다. 반면 AI 인터랙티브 영상은 관객의 촉각, 청각, 후각, 시각 등 다양한 감각이 반응하는 체험형 콘텐츠를 제안하고 있다. 예를 들어 마드리드 프라도 미술관의 인터랙티브 전시장에서는 고야의 작품을 인터랙티브 영상으로 제작해 '감각 산책(Sensory Walk)'을 제공하고, 영상에 배치된 꽃을 터치하면 향을 맡을 수 있는 상호작용 장치를 도입했다.

둘째, 관객이 콘텐츠의 시나리오에 직접 개입할 수 있는 맞춤형 내러티브 영상이다. 이는 선형적 서사 구조에서 벗어나, 관객이 이야기의 모티프를 자발적으로 선택하여 자신만의 플롯을 구성하는 스토리텔링 방식을 의미한다.

셋째, 게이미피케이션 요소의 도입이다. 게임 콘텐츠의 미션과 보상 시스템이 적용된 AI 인터랙티브 영상은 퀴즈, 미션, 보상 등 게임적 요소를 활용해 관객의 자발적 참여를 유도한다.

넷째, AI 기술 기반의 관람객 데이터를 적용한 영상이다. 관람객의 뇌파, 목소리, 동작, 감정 등 다양한 데이터를 AI가 해석해 영상, 음향, 조명, 이야기 전개 등이 실시간으로 변형되는 영상이어야 한다.

결국 분기형 서사 모델은 관람객의 데이터를 고려해 능동적으로 시나리오에 개입하는 방안을 도입한 모델이다. AI 디지털 환경에서 관람객이 상호작용의 새로운 서사의 미학적 체험을 제시하는 방법론이다.

AI 아바타와 AI 영상 제작 도구

최근 AI 아바타 기반의 영상 제작 과정을 자동화하고, 관객 맞춤형 상호작용의 체험을 제공하는 AI 도구들이 등장하고 있다. AI 아바타의 개념은 인간의 움직임, 표정, 음성·패턴 등 인간의 행동을 인식하고 모방해 사실적인 상호작용을 유도하는 디지털 인간을 지칭하고 있다.

AI 아바타는 다양한 언어를 구사할 수 있으며, 사용자가 원하는 언어를 기반으로 상호작용의 몰입 효과를 유도하고 있다. 예컨대 2022년 미국의 스타트업 기업 헤이젠(Heygen)에서 출시한 AI 영상 제작 도구는, AI 아바타를 만들고 자동으로 영상을 제작하는 서비스를 제공하고 있다. 헤이젠 AI를 활용해 광고 홍보 동영상을 만들고, 맞춤형 강의 동영상을 만들 수 있다. 영국의 스타트업 기업에서 출시한 신디시아(Synthesia)는 AI 아바타를 만들어 120개 이상의 언어가 가능한 인터랙티브 영상을 제작하고 있다. 또한 한국의 스타트업 기업인 딥브레인도 AI 아바타와 실시간 대화가 가능하고, 실제 사람처럼 표정과 움직임을 구현하는 AI 도구를 제공하고 있다. AI 아바타는 비디오 게임, 인플루언서, SNS 마케팅, 교육 등 다양한 분야에 활용되고 있다.

비디오 게임 개발자들은 게이머에게 현실감 있고 개인화된 AI 아바타를 만들어 게임의 몰입도를 높이고 있다. AI 아바타를 사용하여 가상 세계에서 자신을 표현하면서 상호작용을 촉진하고 있다. AI 아바타는 온라인 교육, 상담, SNS 마케팅 영역 등에서 적극적으로 활용되고 있다. 더 나아가 AI 아바타는 온라인에서 사용자의 정체성과 개성을 표현하고, 자아를 실현하는 기능을 수행하고 있다.

AI는 인터랙티브 영상의 제작과 편집 과정에도 적극적으로 활용되고 있다. 예컨대 영화 제작에서 감독의 상상력과 창의적 발상은 절대적 가치였다. 작가주의 정신이 강한 감독은 시나리오, 촬영, 편집을 주도하며 차별화된 영상 미학을 연출했다. 이러한 전지적 작가 시점의 영화 제작에 변화가 오고 있다.

2024년 11월 파리에서 'AI 영화제'가 최초로 열려 35개국에서 167개의 AI 단편영화가 출품됐다. 이들 영화는 시나리오 창작, 영상 제작, 편집의 제작 과정에서 AI 창작 도구만을 사용해야 한다. 챗GPT, 소라(Sora), 비오(Veo), 클링(Kling), 미니막스(Minimax), 메타무비(Meta Movie) 등을 활용해야 한다는 조건을 내걸었다. 영화제 심사 위원장은 〈아멜리에〉, 〈잃어버린 아이들의 도시〉, 〈빅 버그〉에서 디지털 그래픽과 AI 캐릭터를 제작한 경험이 있는 장피에르 주네 감독이 맡았다. 그는 이 영화제에서 관객들이 새로운 예술적 사고와 기술의 혁신을 체험하고 AI 창작 도구의 놀라움과 매력을 발견할 것이라 평가했다. 영화제는 AI 창작 도구를 활용할 수 있다면 누구나 영화감독이 될 수 있다는 디지털 패러다임을 제시한다.

이처럼 AI 영상 창작 도구가 콘텐츠 제작에 새로운 변화를 일으키고 있다. 시간, 인력, 제작비, 제작 기간 등을 줄이는 서비스로 발전하고 있다. 특히 AI 인터랙티브 영상은 관람객의 실시간 데이터 분석을 기반으로 맞춤형 영상으로 새로운 몰입감과 체험을 유통한다.

참고문헌

백승국(2025.1.19). 인공지능 시대 누구나 감독과 작가가 될 수 있다?. 기호일보. https://www.kihoilbo.co.kr/news/articleView.html?idxno=1128818

서성은 외(2022). 《K-스토리텔링》. 컴북스캠퍼스.

이세희·이진(2024). AI 기반 영상 콘텐츠 저작도구의 유형 및 동향. 《디지털콘텐츠학회논문지》, 25(6), 1589~1600쪽.

이훈희(2022). 《영상은 움직이지 않는다》. 책과나무.

홍순성(2024). 《7가지 생성 AI로 영상 제작 & 편집하기》. 한빛미디어.

07
AI와 인터랙티브 광고

기존 광고는 은유, 환유, 비유 등의 수사학적 장치로 메시지를 전달했다. 인터랙티브 광고는 사용자의 감각과 인지가 작동하는 체험이 중요하다. AI 인터랙티브 광고의 양방향 체험을 주문하는 소구 장치인 넛지(nudge)와 감각적 어포던스(affordance)가 작동하고 있다. 넛지는 직관적인 무의식적 행동으로 선택하고, 감각적 어포던스는 의미작용을 매개로 광고 체험을 하고 있다. 미래 AI 사회의 도시 풍경은 인터랙티브 광고가 자동으로 작동하는 모습일 것이다.

AI와 윤동주?

AI 인터랙티브 광고

기존 TV, 라디오, 신문 등 아날로그 매체의 광고 메시지는 일방향으로 전달되어 왔다. 광고 이미지와 언어를 매개로 메시지를 일방적으로 전달하는 방식이다. 수신자인 소비자의 생각과 느낌을 정박하고, 메시지를 수용하도록 조종하고 설득하는 광고 담론을 만들었다.

설득과 조종의 광고 담론은 수사학과 기호학의 개념과 접근 방법론을 적용한 것이다. 수사학의 비유, 환유, 은유와 기호학의 기표, 기의, 상징, 계열체 등의 개념으로 소구하는 방식이다. 이것은 광고 속 언어, 이미지, 제품을 인지하고 기억하는 과정을 설명하는 개념들이다.

광고 제품의 비유, 반복, 대조 등의 표현 방법으로 메시지를 전달하고 있다. 수사학과 기호학의 접근 방법은 소비자의 연상 이미지를 작동시키는 것이다. 소비자가 광고 속 이미지와 언어를 지각하고 인지하는 연상 이미지를 연동시키는 접근 방법이다.

소비자의 연상 이미지 기법은 광고의 포지셔닝 전략과 연관성이 있다. 소비자의 감각과 인지 영역에서 브랜드의 이미지를 각인시키는 접근 방법이다.

예컨대 스웨덴 볼보 자동차의 견고함을 소구하기 위해 볼보의 이미지를 탱크에 비유하고, 이탈리아의 베네

통은 다양한 색깔을 통해 인종, 성별, 전쟁, 종교, 증오, 차별 등의 상징적 메시지를 전달하고 있다. 볼보 자동차의 기능적 가치를 이미지로 비유하고, 베네통의 기업 가치와 상징적 의미를 자연스럽게 각인시키는 전략을 구축하고 있다. 각인 효과는 소비자의 심리와 행동에 영향을 주면서, 연상 이미지를 기억 속에서 소환하는 연상장치이다.

반면에 인터랙티브 광고는 소비자가 광고에 참여하도록 유도하는 광고를 지칭한다. 소비자가 광고에 적극적으로 반응하는 감각적 터치와 공감으로 콘텐츠에 개입하도록 유도하는 광고이다. 광고를 보는 것이 아니라, 감각적 체험을 유도하는 상호작용을 강화하는 쌍방향의 소구 장치가 작동하는 광고를 지칭하는 개념이다.

쌍방향의 소구 장치는 게임, 퀴즈, 투표, AR 필터, AR 페이스 코드, 가상 체험 등 소비자의 자발적 참여로 광고의 홍보 효과를 높이고 있다.

예컨대 카타르 항공에서는 'AI 어드벤처' 광고 캠페인을 제작해 성공했다. 딥페이크 AI 기술을 활용해, 사용자가 자신의 얼굴 사진을 업로드하면 3분짜리 로맨스 영화 속 주인공으로 등장하는 몰입형 인터랙티브 광고이다. 사용자가 각기 다른 도시 배경을 선택하고, 직접 영화의 주인공이 되는 경험을 제공하고 있다. 이 캠페인은 유튜브에서 1천, 3백만 회 이상의 조회수를 기록한 홍보 효과를 창출했다.

카스 맥주도 '축! 카스'라는 인터랙티브 광고를 제작해 홍보 효과를 창출했다. AI 음성 합성 기술을 통해 가수 겸 배우 비비의 목소리로 소비자 이름과 맞춤형 메시지를 전달하는 숏폼 영상을 제공한다. 소비자가 직접 입력한 이름과 메시지가 유명인의 목소리로 재생되어, 실제로 축하를 받는 듯한 개인화된 경험을 제공해 광고 효과를 창출했다.

AI 인터랙티브 광고는 소비자가 광고의 주체가 되어 작동하는 영상이다. AI 기술로 구현이 가능한 목소리, 얼굴, 이미지 등을 영상으로 제작해 몰입감과 상호작용을 강화하고 있다.

넛지와 어포던스

인터랙티브 광고는 광고 수용을 사용자가 직접 통제하는 쌍방향의 광고 방식이다. 사용자의 감각과 인지를 직관적으로 자극하여 몰입과 참여를 유도하는 것이다.

사용자의 감각과 인지가 작동하는 행동을 유도하고 권유하는 개념이 넛지와 어포던스다. 인터랙티브 광고는 넛지와 어포던스의 감각적이고 인지적인 메커니즘이 작동하는 콘텐츠다.

첫째, 넛지(nudge)는 옆구리를 팔꿈치로 슬쩍 건드리는 행동을 의미하며, 사용자의 무의식적인 행동을 유도한다. 행동경제학자인 리처드 탈러(Richard Thaler)와 캐스 선스타인(Cass Sunstein)이 제안한 넛지는 강요에 의하지 않고 자유로운 선택적 행동을 유도하는 개념이다. 그래서 넛지는 환경, 정치, 의료, 스포츠, 공공 서비스 등의 메시지를 전달하는 광고에 적극적으로 활용되고 있다.

넛지는 선택의 프레임 상황에서 즉각적인 무의식적 선택으로 행동한다. 사용자의 선택적 프레임 상황을 조성하기 위해 넛지는 시각적 이미지를 효과적으로 활용하고 있다. 예컨대 계단을 걸을 것인지 또는 에스컬레이터를 사용할 것인지를 선택해야 하는 상황에서 칼로리가 소모되는 걷기의 문구와 화살표는 계단 선택의 무의식적 행동을 권유하는 시각적 장치다. 또한 남성 화장실 소변기에 그려진 파리를 무의식적으로 조준하는 남성의 행동도 넛지가 작동하는 효과다.

휴게소에 비치된 쓰레기통도 넛지 효과가 작동하는 대표적인 사례다. 색깔과 함께 쓰레기를 분류해서 버려 달라는 문구와 이미지는 사용자의 무의식적 행동을 요구하고 있다. 코로나19 시기에 공공장소에서 진행된 2m 거리두기 캠페인 광고도 넛지의 무의식적 행동에 소구하는 홍보 전략이다.

둘째, 행동 유도성을 의미하는 어포던스는 넛지의 무의식적 행보에 반해 의미작용이 작동하는 의식적 행동을 지칭한다. 생태심리학자 제임스 깁슨(James Gibson)이 처음 제안한 어포던스 개념은 인간을 둘러싸고 있는 환경이 사용자의 행동을 자극하고 유도하는 요소라는 것이다.

인터랙티브 광고는 감각적 어포던스가 작동해야 한다. 사용자의 눈길을 사로잡고, 손으로 터치하는 행동을 유도하는 동기 유발이 중요하다. 감각적 행동을 유도하는 사용자 경험을 설계하는 것이다. 감각적 어포던스는 디지털 그래픽, 픽토그램, 소리, 모션 그래픽 등 사용자의 오감을 터치하는 요소를 매개로 행동을 유도하는 접근 방법이다. 넛지의 광고 소구는 무의식적인 즉각적 반응의 행동을 요구하지만, 감각적 어포던스는 행동에 의미를 부여하는 의식적 사고를 동반하는 소구다.

실증 사례로 2017년부터 프랑스 낭트 도시에서 실시하고 있는 똑똑한 쓰레기통이 있다. 학교, 기업, 관공서의 공공장소에 설치한 쓰레기통은 매달 3만 개 이상의 커피 컵, 플라스틱 용기 등을 수거하는 광고 효과를 내고 있다.

감각적 어포던스는 사용자의 쓰레기 분리수거 행동을 유도하기 위해 분리수거에 관한 퀴즈를 내고, 재활용에 관한 숏 영상을 끝까지 감상하는 행동을 유도하고 있다. 사용자 행동에 의미와 가치가 무엇인지 재인식하는 효과를 유발하는 캠페인 광고 효과를 창출한 사례다.

2020년 5월 25일 세계 생물 다양성 보존의 날을 맞아 프랑스 패션 기업 라코스테는 옥외 광고, 소셜 미디어, 인쇄 광고에 감각적 어포던스를 적용했다. 전 세계 9개 도시를 선정해 라코스테 매장 간판과 광고의 악어 로고를 10종의 사라져 가는 동물들로 교체했다. 그날 하루 판매한 3,260벌의 수익금을 국제자연보전연맹(IUCN)에 기증해 라코스테의 기업 이미지를 제고했다.

악어 로고가 사라진 라코스테에 등장한 동물에 흥미와 관심을 유도하는 광고 소구 방법으로 의미 작용을 한 사례다. 특히 캠페인 내용을 인지하지 못한 소비자들은 교체된 매장 간판, 옥외 스크린 광고, 인쇄 광고를 보면서 호기심을 갖고 광고에 적극적으로 참여하는 효과를 창출했다.

넛지와 감각적 어포던스의 소구 장치가 작동하고 있는 인터랙티브 광고의 유형은 인쇄 광고, 옥외 광고, 온라인 광고 등으로 세분화할 수 있으며, 광고의 세 가지 속성은 개방성, 상호작용성, 확산성이다.

개방성은 광고의 접근과 참여의 장벽이 낮다는 것이다. 상호작용성은 다양한 디지털 매체를 통해 미디어와 사용자, 사용자와 콘텐츠, 소비자와 소비자 사이의 감각적이고 정서적인 교류가 작동한다. 확산성은 SNS 플랫폼을 통해 광고 체험에 관한 기록을 남기고 공유한다는 것이다.

인터랙티브 광고의 사용자 참여 유형은 네 가지 유형으로 다음과 같이 세분화할 수 있다. 첫째, 사용자에게 광고 참여를 독려하는 권유형이다. 기업이 소비자에게 정보를 노출하고 전달하는 방식이다. 권유형의 경우 사용자의 참여를 적극적으로 유도하는 상호작용은 작동하지 않는다.

둘째, 사용자의 적극적 참여로 콘텐츠의 내용을 선택하는 선택형 광고다. 사용자가 광고에 등장하는 아이템을 선택해 광고의 결말을 도출하는 것이다.

셋째, 사용자와의 대화를 기반으로 광고를 구성하는 것이다. 기업이 광고 제품에 관한 정보를 주고, 사용자의 질문을 통해 콘텐츠를 생성하는 유형이다.

넷째, 사용자 맞춤형 유형이다. 사용자 데이터를 분석한 알고리즘 추천으로 맞춤형 광고와 내용을 전달하는 유형이다.

데이터 기반의 AI 인터랙티브 광고

광고의 상호작용과 감각적 체험을 유도하는 장치는 디지털 미디어 기술이다. 쌍방향의 상호작용 기술은 증강현실, 가상현실, 위치 기반 서비스 등을 적용하고 있다.

증강현실 기술은 현실에 디지털 요소를 활용해 게임, 쇼핑, 전시 등의 콘텐츠에 적용되고 있다. 특히 증강현실 필터는 제품을 가상에서 체험하면서 브랜드 인지도를 높이는 마케팅 도구로 활용되고 있다.

제품을 체험하는 사용자의 움직임과 표정에 따라 반응하는 필터를 사용하고 있다. 또한 화장품, 안경, 의류 등을 가상으로 착용하는 필터도 등장했다. 또한 제품의 정체성과 이미지를 연상할 수 있는 인스타그램 필터를 제공하는 기업도 늘고 있다. 증강현실 필터를 기반으로 브랜드의 연상 이미지와 정체성을 강화하는 마케팅 전략으로 활용되고 있다.

사용자 데이터를 분석해 개인 맞춤형 광고를 제안하

고 있다. 사용자의 음성, 화면 탭, 리모컨 입력, 질문 등의 데이터를 분석해 맞춤형 인터랙티브 광고를 제공하고 있다.

예를 들어, 프랑스 화장품 회사 클리니크(Clinique)는 소비자와의 질문을 기반으로 맞춤형 광고를 제안하고 있다. 소비자의 화장품 사용 패턴을 분석해 맞춤형 제품을 제안하는 광고다. 사용 패턴은 화장품을 선택하는 기준과 제품의 기대 심리 등을 실시간으로 분석해 맞춤형 광고를 통해 제품을 추천하는 광고다.

프랑스 화장품 회사 라로슈포제(La Roche-Posay)도 마이 UV 패치(My UV Patch) 앱을 개발해 사용자의 개인 정보에 따라 자외선 노출량과 안전 행동 요령에 관한 정보를 제공하고 있다. 자외선 노출로 발생하는 피부암 및 피부 질환의 위험을 예방하기 위해 어떤 행동을 해야 하는지 인식 전환을 유도하는 것이다. 개인 맞춤형 정보를 기반으로 총 40만 개의 패치를 14개국의 소비자에게 판매한 기록을 만들었다.

미국 OTT 서비스 훌루(Hulu)는 사용자가 영상을 일시 정지할 때, 시청자의 성별, 나이, 선호도 등의 행동 및 인구 통계 패턴을 분석해 맞춤형 배너 광고를 노출하고 있다.

또한 호주 항공사 제트스타(Jetstar)는 옥외 광고에 시선 추적 기술을 적용해 사용자가 광고 패널을 바라보는 시간과 지각하는 장소를 분석해 홍보 마케팅을 적용하고 있다. 사용자의 눈길을 사로잡고 가장 오래 응시한 여행지와 관련된 정보를 제공한다. 여행지의 할인 티켓, 선물 카드 등 맞춤형 보상을 제공해, 실제 구매로 연결되는 양방향 광고 경험을 구현하고 있다.

AI 인터랙티브 광고의 핵심 키워드는 상호작용이 작동하는 양방향의 광고 체험이다. 사용자의 데이터 분석을 토대로 감각, 인지, 감성을 터치하는 양방향 체험 광고다. 미래 AI 사회의 도시 풍경은 인터랙티브 광고가 설계하는 모습일 것이다. 사용자 개개인의 맞춤형 광고가 등장하고, 구매 행위로 연결되는 양방향의 체험이 빈번해지는 도시 풍경이 조성될 것이다.

참고문헌

리처드 탈러 & 캐스 선스타인(2009). 《넛지: 똑똑한 선택을 이끄는 힘》. 안진환 옮김. 리더스북.

백승국 외(2011). AR 광고콘텐츠의 문화기호학적 접근. 《한국프랑스학논집》, 73, 295~312쪽.

톰 앨스톤(2008). 《광고 크리에이티브 전략》. 김병희 옮김. 커뮤니케이션북스.

08
AI와 디지털 교육 콘텐츠

인공지능 시대의 교육은 인간과 기술의 협력으로 혁신적 변화를 추구하고 있다. 주입식 교육의 핵심 주체는 정보와 지식을 전달하는 교사였다. 하지만 인공지능 시대 교육의 주체는 학습자다. 학습자의 자기 주도 학습은 인공지능 도구로 가능해졌다. AI 튜터링과 AI 코스웨어 등의 관점에서 AI 교육 도구가 활용되고 있다.

AI와 한의학?

AI와 디지털 교육

AI 기술의 비약적 발전과 디지털 전환이 새로운 교육 패러다임을 조성하고 있다. AI를 이용한 디지털 교육은 지식 전달 중심 학습에서 학습자 중심의 자기 주도 학습으로 교육의 패러다임을 전환하고 있다. AI 알고리즘이 학습자의 학습 데이터를 실시간으로 진단해 맞춤형 정보와 지식을 습득할 수 있는 시스템을 작동시키고 있다.

AI 기술을 적용한 AI 튜터의 학습 도구가 빠르게 발전하고 있다. 기존 일방향 주입식 교육이 아니라, 학생의 수준과 학습 속도, 학습 스타일을 분석하는 맞춤형 교육 도구가 늘어나고 있다.

챗GPT를 활용한 맞춤형 튜터링 교육은 교과목에서 제시하는 어려운 개념과 이론 등을 맞춤형으로 설명하고, 학생들의 글쓰기에도 피드백을 주고 있다. GPT-4와 같은 대규모 언어모델을 활용한 지능형 튜터링 시스템은 학습자의 이해도와 숙련도에 따라 실시간으로 다양한 난이도와 주제의 문제를 생성하고, 즉각적인 피드백과 개별 학습 경로를 제공하는 기능을 수행하고 있다.

예를 들어 수학 문제 풀이에서 GPT-4는 학생과 단계별로 대화하며 문제 해결을 돕는 방식으로 접근하고 있다. 기존 문제 해결 방식에서 탈피해 차별화된 맞춤형 학습 경험을 제공하고 있다. 학생들이 자발적으로 문제를 해결하는 동기를 만들고, 학습 과정의 절차적 수행의 중요성을 체험하는 방식이다.

AI의 학습 도구를 활용한 교육 방식의 차별성이 무엇인지 다음과 같이 정리할 수 있다.

첫째, 학습자의 데이터 분석을 기반으로 맞춤형 교육 콘텐츠를 제공한다. 학습자 데이터는 학습의 속도, 습관, 능력 등의 경향을 분석해 최적화된 학습 자료와 과제를 추천한다. 학습자의 학습 패턴을 분석하는 항목을 기준으로 교육적 효과를 창출할 수 있는 콘텐츠를 제공할 수 있다.

둘째, 실시간 AI 피드백 시스템을 작동한다. 학생들의 질문과 문제 해결 과정의 어려움을 실시간으로 파악해 해결 방안을 제시한다. 예컨대 개념을 이해하지 못하거나, 어려운 문제에 봉착한 학습자에게 추가 연습 문제를 제안해 문제 해결 역량을 배양하는 방식이다.

셋째, 자기 주도형 학습을 실천할 수 있다. 학습자가 AI 피드백을 통해 스스로 학습 진도 상황을 파악하고 자신에게 적합한 학습 내용을 선택하여 학습 계획을 수립할 수 있다.

넷째, 교사와의 밀접한 협력이 가능해졌다. 교사는 학

생들의 학습 상황을 파악하고 학생에게 적합한 수업을 설계할 수 있다.

AI의 디지털 교육의 핵심은 학습자의 데이터 구축이다. 학습자가 주어진 문제를 해결하는 과정에서 표출된 학습 패턴을 유형화해 데이터로 활용할 수 있다. 학습 데이터는 교육 콘텐츠를 이용하는 패턴 분석을 기반으로 구축된다. 반복적 학습, 오답 유형, 문제 풀이 시간, 질문의 내용 등을 유형화해 데이터로 활용하는 것이다.

축적된 학습 데이터를 기반으로 알고리즘 모델을 구축할 수 있다. 알고리즘 모델은 학생의 학습 데이터와 문제를 점검하는 검증 데이터를 기반으로 최적화된 모델을 설계하는 것이다.

AI 디지털 교육 콘텐츠 사례

AI 디지털 미디어 기술과 AI 창작 도구를 활용한 교육은 차세대 디지털 교과서의 핵심 방향이다. 최적의 교육적 효과를 창출하는 다양한 알고리즘 모델과 AI 학습 도구를 활용하는 방안 모색이 차세대 교육의 발전 방향이다. 교사는 AI 학습 도구의 교육적 효과와 특성을 이해하여, 학생들에게 적합한 최적의 맞춤형 교육 프로그램을 제안해야 한다.

교과 과정을 설계할 때도 적합한 AI 학습 도구를 선택해야 한다. 학습 도구의 유용성보다는, 지식이 생성되는 자기 주도 학습을 유도하는 과정이 무엇보다도 중요하다. 그래서 최근 AI 코스웨어 개념이 적극적으로 공교육에 적용되고 있다. 에듀테크 기업과 공공 플랫폼에서는 교사들이 인공지능을 활용해 교과목을 운영하고 설계하는 데 도움을 주는 AI 코스웨어의 학습 도구를 적극적으로 개발하고 있다.

코스웨어(courseware)는 코스(course)와 소프트웨어(software)의 합성어다. AI 코스웨어는 인공지능 기술과 교육용 소프트웨어를 결합한 개념으로, 학습자의 학습 패턴과 수준을 고려한 맞춤형 학습 경험을 제공하는 AI 학습 도구를 지칭하는 개념이다. 특정 주제나 과목을 가르치기 위한 디지털 교육 콘텐츠와 플랫폼을 설계하고 실행하는 의미를 함축하고 있다.

AI 코스웨어는 교사와 학생이 지향하는 두 가지 관점에서 작동해야 한다. 교사는 학생들의 학습 동기와 학습 패턴을 효율적으로 관리하는 것이다. 이러한 교사의 관점은 AI 튜터링 시스템에서 출발해야 한다. 학생 개개인의 학습 패턴과 이력을 기반으로 자기 주도 학습의 최적화된 환경을 조성해 교육의 질을 높이는 방안으로 접근

해야 한다.

교사는 AI 학습 도구에 전적으로 의존하는 것이 아니라, 학생에게 적합한 교육 방식을 권유하는 방안을 모색해야 한다. 또한 학생의 학습 패턴과 선호 학습을 중심으로 정서적 측면도 고려해야 한다.

AI 학습 도구가 학생의 심리와 감정까지 측정해 학습의 방향을 제시하는 단계는 아니다. 교사 관점의 AI 튜터링 시스템은 학습 동기, 지적 호기심, 문제 해결의 기쁨 등을 유도하는 교육 과정을 설계해야 한다.

교사가 AI 학습 도구가 결정한 방향으로 학생들을 지도한다면 교사의 역할을 제한하는 선택이다. AI 학습 도구를 교사와 학생을 연결하는 매개 기능을 수행하는 것으로 규정해야 한다. 교사가 전적으로 AI 학습 도구의 평가에 의존한다면 학생의 자기 주도 학습의 만족도는 떨어질 것이다.

학생 관점의 AI 튜터링 시스템은 자기 주도 학습이 가능한 진도 관리, 평가 등의 학습 환경을 지원받는 것이다. 학생 개개인의 학습 데이터를 분석하고 평가해 맞춤형 교육 과정을 자동으로 추천해 주는 시스템을 원하고 있다. 학생들이 수행한 학습 패턴과 이력을 분석한 데이터 기반의 실시간 피드백, 최적화된 교육 콘텐츠, 학습 경로 등을 자동으로 제공받길 원하고 있다.

예컨대 학습 데이터 기반의 알고리즘 모델을 적용하고 있는 네이버의 AI 튜터링 시스템인 '하이퍼클로바X'는 대규모 언어모델을 활용해 학생 개개인의 학습 수준과 이해도를 분석하고, 대화 흐름에 따라 상황별 맞춤형 피드백과 학습 자료를 제공하고 있다.

특히 수학 문제를 풀 때 학생의 답변과 진행 상황에 따라 추가 설명, 유사 문제, 심화 자료 등을 실시간으로 제안해 몰입도 높은 맞춤형 학습 경험을 제공하고 있다. 미국 애리조나 주립대의 AI 튜터링 시스템 'ALEKS'는 학생의 선행 지식과 학습 성향을 평가한 뒤, 개인별로 최적화된 온라인 수학 코스를 자동 설계해 제공한다. 하위 성취 학생의 성적이 평균 28% 향상되는 등 효과가 입증되었다.

또한 AI 코스웨어인 '비토미 AI'는 교사가 영상, 음성, 문서 등의 수업 자료 파일만 등록하면 AI가 자동으로 교안, 활동지, 평가 문제 등 다양한 수업 콘텐츠를 생성해 맞춤형 수업 준비를 지원하고 있다.

AI 튜터링 시스템은 학교뿐만 아니라 기업의 맞춤형 교육 프로그램을 설계하는 과정에도 적용되고 있다. 직원들의 성과 지표와 직무 교육 스타일에 따라 맞춤형 학습 자료를 자동으로 제공해 주는 AI 학습 도구가 등장하고 있다.

참고문헌

심현주(2021). 《스마트 미디어 시대 디지털 문자와 한자 교육콘텐츠》. 역락.

09
AI와 디지털 리터러시

AI 디지털 리터러시의 개념이 확장되고 있다. 언어와 문자를 읽고 쓰는 능력인 문해력에서 출발한 개념이 AI 디지털 미디어 기술을 활용하는 역량, AI 창작 도구로 다양한 콘텐츠를 제작하는 역량, AI로 제작한 예술과 콘텐츠를 분석하고 비평하는 역량으로 확장되고 있다. AI 윤리, AI 저작권, AI 미학 등에 관한 문제를 공존과 공진화라는 관점에서 고민하는 역량이 필요한 시점이다.

AI와 화장품?

AI 디지털 리터러시의 핵심 역량

리터러시는 전통적으로 언어와 문자를 읽고 쓰는 능력인 문해력으로 정의되어 왔다. 리터러시(literacy)의 어원은 중세 라틴어 리테라투스(literatus)에서 유래한다. 이는 언어와 문자를 해독할 수 있는 지적 능력을 의미하며, 당시에는 지배 계급의 권력을 유지하는 수단으로 활용되었다.

라틴어를 읽고 쓰지 못하는 평민과 라틴어를 구사하는 귀족과 성직자들의 계급과 계층을 구분하는 잣대가 리터러시 역량이었다. 19세기까지 리터러시는 언어와 문자를 읽고 쓸 수 있는 능력인 문해력으로 통했다. 세상에 존재하는 2,000개의 언어와 55개의 문자를 읽고 쓰는 문해력을 터득한 사람이 정보와 지식을 독점했던 계몽주의 시대였다.

최근 리터러시는 AI 영역으로 확장되고 있다. AI 기술과 AI 창작 도구 등을 조작하고 사용하는 능력이 필요하다. 다양한 AI 창작 도구를 활용해 자신의 업무 역량과 정보 활용 역량을 습득해야 한다. 더 나아가 AI 기술로 제작한 예술과 콘텐츠를 미학적 관점에서 분석하고 비평하는 역량이 필요하다. 즉 AI 디지털 미디어 기술에 관한 비판적 사고와 창의적 활용 및 제작 역량을 함축하는 개념으로 확장되고 있다.

AI 디지털 리터러시의 개념에는 미디어, 게임, AI 등의 콘텐츠를 분석하고 비평하는 역량이 내포되어 있다. 신문, 방송, 뉴스 등의 콘텐츠를 분석하고 비평하는 미디어 영역과 AI 기술로 등장한 거짓 정보와 뉴스를 식별하는 역량이 필요하다.

첫째, AI 디지털 미디어 기술과 AI 창작 도구의 등장으로 생성되는 다양한 플랫폼과 콘텐츠를 수용하고 평가하는 역량이 필요하다. 무조건 수용하는 것이 아니라, 사회적 가치와 윤리 그리고 미학적 가치에 따른 비판적 사고 능력을 습득해야 한다. AI 기술이 제작한 콘텐츠를 구성하는 이미지, 이야기, 음향 효과 등의 분석을 통해 콘텐츠가 전달하는 주제와 메시지가 무엇인지 분석하고 비평하는 것이다. 특히 콘텐츠가 전달하는 내용의 진정성과 거짓을 식별할 수 있는 비평 역량을 습득하는 것이 중요하다. 예컨대 미션과 보상의 쳇바퀴 구조가 작동하는 게임성으로 과몰입과 중독의 게임 시스템을 이해하고 분석하는 역량이 필요하다. 게이머 스스로가 자기 통제 기능을 갖추어야 하는 것이다.

둘째, 무엇보다도 AI 디지털 리터러시 교육의 핵심 방향은 일상에서 접하는 디지털 기기를 자유롭게 조작하고 활용하는 사용자 경험 역량을 습득하는 것이다. AI 디지털 미디어 기술과 AI 창작 도구의 등장으로 벌어지고 있는 세대별 디지털 기술과 플랫폼 이용 행태의 격차를 줄이고, 사용자 경험 역량을 최적화해 정보 이용과 활용 역량을 높이는 것이다. 예컨대 식당, 병원, 백화점, 공항, 박물관, 미술관 등의 공공장소에 키오스크가 많이 설치되고 있다. 터치 방식의 키오스크에서 조작 실수로 주변 사람들의 눈치를 본 경험이 있다는 기성세대가 늘어나고 있다. 키오스크는 종이 메뉴판의 직관적 선택에 익숙해진 습관을 버리고, 촉각의 터치로 선택하는 새로운 경험을 제안하고 있다. 기성세대에게 터치 방식의 주문과 선택은 낯선 사용자 경험이다.

셋째, 다양한 매체에서 생성하는 정보를 수집하고 식별하는 능력이다. 정보를 수집하고 식별하는 능력은 AI 매체의 속성을 이해하고, 탐색 경로 등을 직관적으로 습득해야 한다. 직관적으로 습득한 다양한 정보를 키워드로 분류하고 식별하는 역량을 습득하는 것이다. 자신에게 필요한 맞춤형 정보를 저장하고 분류하는 역량이다. 예컨대 박물관에 키오스크를 설치해 작품 해석에 도움을 주는 대화형 전시 체험이 증가하고 있다. 전시 작품과 연관된 퀴즈, 미니 게임, 추가 정보 등 관람객이 전시에 몰입할 수 있는 상호작용 요소를 제공하고 있다. 상호작용이 작동하는 스크린에 배치된 이미지와 문자를 선택해 정보를 획득하면서 콘텐츠 체험을 경험하는 방식으로 전시를 구성하고 있다. 일방향의 수동적인 전시 체험에서 쌍방향의 전시로 전환되고 있다.

넷째, AI 플랫폼에서의 의사소통 능력이 필요하다. 다양한 AI 플랫폼이나 온라인 커뮤니티에서 타인과 소통하고 협력할 수 있는 유연한 사고와 온라인 소통에서 준수해야 하는 예의범절을 습득하는 것이다.

AI 디지털 리터러시의 정의

2018년 유네스코는 디지털 리터러시를 단순한 기술 활용 능력을 넘어, 직장과 일자리, 창업 등 다양한 사회적 맥락에서 정보를 탐색하고 관리하며, 이해 · 통합 · 소통 · 평가 · 창조할 수 있는 종합적 역량으로 정의했다. 이는 컴퓨터, 정보, 미디어 리터러시를 아우르는 통합적 개념으로, 현대 사회에서 요구되는 필수 역량임을 강조한다. 2022년 개정된 교육부 교과서 역시 디지털 리터러시를 언어 · 수리 소양과 더불어 모든 교과 학습의 기반이 되는 핵심 기초 소양으로 규정한다. 여기에는 디지털 지식과 기술, 그리고 윤리의식을 바탕으로 새로운 정보와 지식을 생산하고 이를 창의적으로 활용하는 능력이 포함된다.

2025년 디지털 리터러시 역량은 단순히 AI 창작 도구를 다루고 정보를 수집하는 능력만이 아니다. 다양한 콘텐츠 제작에 활용하는 능력을 넘어서 AI가 제작한 결과물을 식별하고 분석하는 역량을 습득해야 한다. AI 기술과 공진화하고 공존하는 방안을 모색해야 할 것이다. 2035년에는 AI가 인간의 지능을 뛰어넘는 '특이점'이 도래할 것이라는 전망이 제기된다. 방대한 데이터를 기반으로 자기강화 학습을 거듭하는 AI가 인간의 인지적 한계를 넘어설 때 우리는 인식론의 혁신적 전환을 마주하게 될 것이다.

인공지능 시대에 필요한 리터러시 역량을 다음과 같이 정리할 수 있다. 첫째, AI 어시스턴트를 맞춤형 도구로 조작하고 활용하는 역량이다. 챗GPT, 생성형 AI, 데이터 분석 툴 등 최신 AI 창작 도구를 실제 생활과 업무에 효과적으로 적용하는 역량이다.

둘째, AI가 제공하는 데이터를 분석하고 평가하는 역량이다. 빅데이터, 데이터 시각화 등 다양한 데이터 기반 정보를 이해하고 분석하는 능력이다. AI가 제공하는 결과를 해석하고, 데이터의 신뢰성과 한계를 평가할 수 있어야 한다.

셋째, 비판적 사고 및 진리 검증 능력이 필요하다. AI가 제공하는 정보와 결과를 맹목적으로 수용하지 않고, 그 진위와 유용성을 비판적으로 평가하는 능력이다. 가짜 뉴스, 허위 정보, 편향된 알고리즘 등을 식별하고 대응할 수 있어야 한다.

넷째, 창의적 문제 해결 및 콘텐츠 생산 능력이 필요하다. AI 창작 도구를 활용해 새로운 아이디어를 창출하고, 창의적인 결과물을 만들어 내는 역량이다.

다섯째, 개인 정보 보호, 저작권, AI 윤리 등 디지털 공간에서의 책임 있는 행동과 윤리의식을 갖추는 능력이다. AI의 편향성, 악용 가능성, 사회적 영향 등을 고려해 윤리적으로 AI 기술을 활용해야 한다.

디지털 및 AI 디지털 리터러시는 단순한 기기 조작을 넘어 비판적 사고, 창의적 활용, 정보 분석, 윤리적 판단 등 다양한 역량을 포괄한다. AI 디지털 리터러시 역량이 현대인의 필수 소양으로 자리매김하고 있으며, 앞으로도 지속적으로 그 중요성이 확대될 것이다.

10
AI 디지털 미학

AI 디지털 미학은 기술과 예술의 융합으로 만들어진 새로운 미적 패러다임을 의미한다. 전통 예술과 달리, 디지털 기술과 인공지능 기술의 환경 속에서 발생하는 미학적 가치, 속성, 원리 등을 탐구하는 영역이다. 수용미학의 핵심 키워드인 미적 의미의 유동성이 강하게 작동하는 개념이다.

종교와 AI?

미학과 수용미학

프랑스 라스코 동굴에는 호모 사피엔스가 그린 2천여 점의 동물 그림이 있다. 사냥하면서 마주친 동물들을 그린 인류 최초의 예술 작품이라는 평가를 받고 있다. 또한 한국의 반구천 암각화는 6000년 전 신석기 시대의 호모사피엔스가 바위에 남긴 312점의 그림으로, 2025년 유네스코 세계유산으로 등재되었다. 특히 고래 사냥을 묘사하는 탁월한 관찰력과 독특한 구도의 예술성을 보여주고 있다는 평가를 받았다. 동물 이미지는 두 가지 관점에서 인류 문화예술사에 영향을 주었다.

첫째, 인류가 미학적 활동을 시작했다는 것이다. 즉 종족의 안전을 기원하기 위해 그린 호모사피엔스의 동물 이미지는 인류의 미학적 활동을 의미한다. 또한 이미지는 인류가 걸어온 흔적을 기록하고 있고, 인간만의 차별화된 상징 기호를 사용했다.

예술 작품은 인간의 상징적 활동을 시각적으로 모사하거나 재현한 것이다. 이러한 예술 작품을 바라보고 평가하는 관점이 미학적 활동이다. 어쩌면 인류의 문화예술사는 기록의 연속으로 만들어진 상징적 흔적의 기억이다. 호모사피엔스의 동굴 벽화와 반구천의 암각화처럼 인류는 전쟁, 사건, 자연재해, 인물 등과 연관된 에피소드를 시각적 이미지로 재현하며 기록의 문명사를 만들어 왔다.

동굴 벽화에서 시작된 미학과 기록의 문화예술사는 20세기 초까지 도상해석학의 감상 방법에 빠져 있었다. 시각 이미지를 창작하는 창작자가 의도적으로 배치한 도상과 상징의 의미를 해석하는 미학적 활동에 집중했다.

도상해석학 기반으로 예술사를 바라본 에르빈 파노프스키(Erwin Panofsky)의 《시각예술의 의미》(2012)는 사회문화적 맥락 속에서 도상과 상징의 의미를 탐색하는 접근 방법이다. 도상해석학 기반의 미학은 창작자가 전달하고자 하는 메시지를 수용하는 수동적인 감상 비평이었다.

수동적인 감상 비평을 거부하는 움직임이 1970년대 등장한 수용미학이다. 시각 이미지의 의미가 고정된 것이 아니라, 감상자의 경험과 지식에 따라 자유롭게 의미가 부여될 수 있다는 논리다. 작가의 독트린과 이데올로기에 벗어나 사용자의 관점에서 콘텐츠를 자유롭게 감상하자는 주장이다. 시각예술 혹은 다양한 콘텐츠를 감상하고 즐기는 수용 방식에는 수용미학의 관점이 절대적이었다.

구조주의와 수용미학

기호학 이론의 초석을 설계한 소쉬르는 기호 체계를 구조 속의 관계로 규정했다. 기호와 기호의 관계 속에서 소통과 의미가 생성되고, 사회 시스템이 작동한다는 관념이다. 기호 체계 기반의 구조주의 관점은 문학, 인류학, 심리학, 미학, 건축 등 다양한 학문에 영향을 주었다. 특히 예술 작품을 감상하는 미학적 비평에도 새로운 방향을 제시했다. 작품이 작가의 주관적 표현과 감정의 창작물이 아니라, 일정한 규칙과 패턴이 작동하는 구조적 체계의 미학적 결과물이라는 주장이다. 전지적 작가 시점으로 작가가 일방향으로 전달하는 작품의 메시지를 수용하던 독자의 관점을 전환하는 패러다임을 제시한 것이다. 즉 작가의 생애사와 작품의 연관성 등 작가의 삶과 작품의 에피소드 등의 맥락적 정보들로 인상주의 비평을 시도하는 비평 관점을 거부하고, 작품 자체의 객관적 분석과 해석을 통한 미학적 감흥을 제안한 것이다.

구조주의 미학의 핵심은 작품의 표층 구조와 심층 구조로 이원화해 접근한다는 것이다. 작품의 감각적 요소를 지각하고, 심층 구조에 숨겨진 작품의 의미를 해석하는 방법이다. 수용미학의 관점은 1970년대 구조주의 시대에 태동했다. 프랑스 구조주의 시대의 비평가 겸 기호학자인 롤랑 바르트가 《텍스트의 즐거움》(1973)에서, 작가는 죽었으며 텍스트에 의미를 부여하는 즐거움은 전적으로 독자에게 있다고 선언하면서 수용미학이 시작되었다.

구조주의 수용미학을 선도한 롤랑 바르트의 이론에 영향을 받은 독일 콘스탄츠 대학교의 볼프강 이저(Wolfgang Iser) 교수는 《수용미학의 이론》(1976)에서 수용미학의 원칙을 제안한다. 그는 텍스트에 의미가 고정되어 있지 않다고 전제한다. 그리고 독자가 의미를 채우는 활동, 즉 의미의 공백을 채우는 독서 행위가 수용미학의 원칙이라고 주장했다. 예컨대 별자리를 보면서 어떤 독자는 쟁기의 이미지를 연상하고 또 다른 독자는 국자의 이미지를 연상할 수 있다. 독자의 경험, 지식, 정보 등의 개인적 맥락에 따라 미적 감흥의 의미 작용이 각기 달리 작동한다는 것이다. 독자의 시점으로 작품을 감상하고 해석하는 비평적 관점의 중요성을 제안했다.

수용미학의 미학적 활동과 미적 가치를 실현하는 구체적인 방안은 학제적 관점의 실천이다. 수용미학 관점에서 작품을 분석하고 해석하는 방안은 학제적 차원에서 다음과 같이 접근할 수 있다.

첫째, 수용미학은 작품에 관한 고정된 의미 해석보다

는 다양한 의미 해석을 지향한다. 예술 작품의 의미가 미확정성을 지닌다고 보며 완결된 의미가 아닌 해석의 여백을 독자에게 남긴다. 해석의 여백은 독자의 지식, 정보, 경험 등을 기반으로 스스로 채워 가는 미적 체험이다.

둘째, 수용미학이 추구하는 미적 가치는 단순히 개인적 감상에 머무르지 않고, 사회적 · 역사적 맥락 속에서 변화한다고 간주한다. 작품 해석에 사회적 현상과 역사적 맥락이 개입한다는 것이다. 작품의 미적 가치와 의미가 시대와 사회 구성원의 관점에 따라 달라진다는 관점이다.

셋째, 수용미학은 작품을 대하는 독자의 기대 지평과 작품이 제시하는 의미 사이의 상호작용을 작동시킨다. 작품이 생성하는 메시지와 의미가 독자의 기대 지평과 일치하지 않는 순간 새로운 의미 작용이 발생하면서 미적 감흥을 체험하게 된다.

결국 수용미학은 작품의 의미와 감상자의 기대 지평의 불일치로 형성되는 새로운 의미와 해석의 다양성, 그리고 사회적 · 역사적 맥락의 틀 속에서 이루어지는 미적 체험이다. 미적 가치는 고정된 속성이 아니라, 감상자의 경험과 해석을 통해 끊임없이 재구성되고 확장되는 열린 의미로 간주된다.

AI 디지털 미학

AI 디지털 미학은 AI 디지털 미디어 기술과 예술의 융합으로 새로운 미학적 가치와 비평을 요구하고 있다. AI 디지털 미디어 기술 기반으로 조성되는 가상과 현실의 디지털 환경에서 예술의 새로운 미적 가치를 체험하고 비평하는 개념이다.

AI 디지털 환경에서 예술 작품이 생성하는 의미 작용의 미학적 원리가 무엇인지 탐색하는 영역이다. 특히 AI 창작 도구로 제작한 결과물의 미적 가치와 의미를 부여하는 심미안을 탐색하는 영역이다.

AI 창작 도구가 예술의 존재 방식과 수용미학의 접근을 변화시키고 있다. 예술 창작의 영역이 인간 고유의 영역으로 남는 것이 아니라 AI 디지털 미디어 기술과 공유되는 영역으로 전환되는 시점에 있다. AI 디지털 미학의 관점은 기존 수용미학의 접근 방식을 수용하면서 기술 기반의 심미안을 융합하는 방안을 제안하고 있다.

AI 디지털 미학에서 요구하는 미적 체험과 콘텐츠 비평에 관한 접근 방안을 다음과 같이 정리할 수 있다.

첫째, 수용자 중심의 미학적 체험을 실천하는 것이다. 작가와 창작자의 제작 의도와 미적 가치는 철저하게 배제하고, 수용자의 콘텐츠 참여와 개입으로 획득하는 미학적 감흥이다.

작품의 의미 작용, 해석, 비평은 사용자의 적극적인 참여로 이루어진다. 예컨대 미디어 아트, 미디어 파사드, 인터랙티브 전시 등은 수용자의 참여로 미적 가치와 의미가 생성되는 영역이다.

둘째, 수용자의 감각과 공감각 중심의 미학적 체험이 작동하는 관점이다. 시각 기반의 미학적 활동에서 벗어나 오감이 작동하는 미적 가치와 의미가 생성된다. 촉각, 후각, 미각, 시각 등의 다감각이 작동하는 새로운 미적 체험을 한다. 특히 기술과 예술, 그리고 사용자의 감각이 융합해 가상공간에서의 공감각적 체험 활동이 활성화되고 있다. 전통적 예술의 일방향적 감상에서 벗어나, 수용자와 작품 그리고 다감각이 작동하는 공감각적 미적 공간을 조성하고 있다.

셋째, AI 디지털 미디어 기술의 상호작용이 분석하는 영역이다. 확장현실, 가상현실, 증강현실, 3D 시각화, 대화형 내러티브 등이 작동하는 작품과의 상호작용이 강하게 작동하고 있다. 예술 작품의 완결성은 수용자의 능동적인 참여에서 완성되며, 자율적인 의미 작용과 열린 해석 과정이 작동하는 미학적 체험으로 전환되고 있다.

넷째, AI 작품을 식별하고 비평하는 진리 검증의 미학적 활동이 작동하고 있다. AI 창작 도구로 제작한 결과물들이 늘어나고 있다. 생성형 AI가 만든 그림이나 시는 고정된 의미를 갖는 것이 아니라, 감상자 각자의 경험과 맥락에 따라 해석된다.

수용미학의 핵심 키워드인 미적 의미의 유동성이 극대화되고 있다. AI가 생성한 예술 작품 역시 인간 예술 작품과 마찬가지로 감상자에게 새롭고 독특한 미적 경험을 제공하고 있다. AI 작품이 인간의 창의성과는 다른 방식으로 미적 경험을 유발할 수 있다면, 수용미학은 인간 예술에 한정되지 않고 디지털 기술이 만들어 내는 새로운 미적 경험의 가능성까지 포괄한다.

참고문헌

김상철(2024). 『볼프강 이저의 인문학 수용미학 톺아보기』. 루미너리북스.

김전희(2021). 인공지능 그림의 예술성. 《미학예술학연구》, 63, 168~197쪽.

롤랑 바르트(2022). 《텍스트의 즐거움》. 김희영 옮김. 동문선.

에르빈 파노프스키(2013). 《시각예술의 의미》. 임산 옮김. 한길사.

백승국

인하대학교 문화콘텐츠문화경영학과와 대학원 인터랙티브콘텐츠전공 교수다. 인지기호학 & 인터랙티브콘텐츠 LAB을 운영하고 있다. 프랑스 리모주대학교에서 기호학 박사학위를 받았다. 리모주대학교에서 기호마케팅(DESS) 과정을 수료하고, 기호학연구소 초빙 연구원으로 콘텐츠와 브랜딩을 연구했다. 한국콘텐츠진흥원, 경기콘텐츠진흥원, 인천테크노파크 등에서 콘텐츠 관련 프로젝트를 수행했다. 최근 국토교통과학진흥원의 '위성정보 데이터의 비즈니스 모델과 콘텐츠 연구'를 진행하고 있다. 주요 저서로 《문화기호학과 문화콘텐츠》(2004)가 있다. "인공위성 데이터를 활용한 지리학 교육콘텐츠 기획 방법론 연구"(2024) "디지털 문화 매개 플랫폼과 인터랙티브 콘텐츠 연구"(2022), "박물관학과 인터랙티브 콘텐츠 연구"(2020), "문자 기호학과 인터랙티브 콘텐츠 연구"(2018) 등 50편 이상의 논문을 등재 학술지에 게재했다. 또한 《박물관, 문자를 이야기하다》(2024), 《K-스토리텔링》(2022), 《테니스 인 & 아웃》(2022), 《축제와 문화콘텐츠》(2006), 《문화산업과 에듀테인먼트 콘텐츠》(2006) 등 10편 이상의 공저가 있다.